부자가 되고 싶은 아이들

초판 1쇄 발행 | 2021년 6월 1일

지은이 | 하수정
펴낸이 | 이원범
기획·편집 | 김은숙, 정경선
마케팅 | 안오영
표지디자인 | 강선욱
본문디자인 | 김수미

펴낸곳 | 어바웃어북 about a book
출판등록 | 2010년 12월 24일 제313-2010-377호
주소 | 서울시 강서구 마곡중앙로 161-8 C동 1002호 (마곡동, 두산더랜드파크)
전화 | (편집팀) 070-4232-6071   (영업팀) 070-4233-6070
팩스 | 02-335-6078

ISBN | 979-11-87150-89-3   03320

학벌이 밥 먹여주는 시대는 끝났다

부자가 되고 싶은 아이들

하수정 지음

어바웃어북

누가 우리 아이들을
'돈 모르는 어른'으로 만드는가?

미국의 사상가 헨리 데이비드 소로(Henry David Thoreau, 1817~ 1862년)가 살았던 매사추세츠 월든 호숫가 오두막집은 세 평 남짓하다. 버드나무에 앉아 노래하는 개똥지빠귀와 아사삭 소리 내는 낙엽 깔린 산길을 사랑했던 소로는 그곳에서 돈 한 푼 없이 살았다. 소로는 부자와 가난의 경계는 사회가 아니라 나 자신이 만드는 것이라고 했다.

쌍둥이 딸들과 찾아간 소로의 오두막 터에 돌멩이 하나를 올려놓았다.

"그대의 삶이 아무리 남루하다 해도 그것을 똑바로 맞이해 살아가라. 봄이 오면 그 문턱 앞의 눈도 역시 녹는다."

소로가 남긴 글귀는 아등바등 사는 우리를 위안한다.

이 책에는 일확천금을 버는 비법은 없다. 심오한 경제이론을 풀어낸 책도 아니다. 이 책은 돈을 대하는 태도에 관해 다루고 있다. 나와 내 아이들, 우리 가족이 행복하기 위해 확립해야 하는 돈에 관한 태도 말이다.

우린 평생 돈 걱정 때문에 행복할 틈이 없다. 대학생 때 학자금 대출부터 결혼 후에는 집값 걱정에 시달린다. '남들만큼만'이라고 되새기며 사교육비 대느라 허리가 휘어질 지경이다. 나이가 들어도 마찬가지다. 노후자금은커녕 자식 결혼 비용 마련에 남은 재산을 탈탈 털리는 게 현실이다. 그 냉혹한 사실을 알면서도 모르는 척 하루하루 급급해 살고 있다.

부모들의 취미가 '돈 걱정하기'요, 특기는 '돈 때문에 한숨 쉬기'이다 보니 아이들 역시 돈에 관한 생각이 비뚤어진다. 어른, 청년, 어린이 할 것 없이 '헬조선'을 탓하며 신세 한탄하기 바쁘다. 그토록 돈에 대한 걱정이 많으면서 정작 아이에게 돈을 가르치는 부모는 찾기 어렵다. "돈공부를 시켜본 적 있느냐?"고 물어 보면 "사회 시험에 나오는 경제 문제 말하는 거냐?"고 되묻는 부모가 열에 아홉이다.

자료 수집을 위해 120여 명의 국내외 부모와 자녀를 상대로 설문조사를 했다. 충격적인 결과가 나왔다. '돈을 위해 범죄를 저지를 수 있느냐?'란 질문에 유독 한국 아이들은 '그렇다'고 답변한 비율이 높았다. '돈은 인생의 전부', '부자만이 성공한 것'이라고 답하면서도 정작 돈을 어떻게 벌지 구체적인 목표를 세우지는 못했다. 돈의 의미가 무엇인지, 돈을 어떻게 써야 하는지에 대해 갈팡질팡하며 경제관이 잡혀있지 않은 아이들이 대다수였다.

미국에서 만난 다양한 국적의 외국 아이들 대답은 조금 달랐다. 스스로 돈을 벌어보고, 그런 경험을 통해 돈의 가치에 대해 진지하게 고민하는 경우가 많았다. 아이들은 앞으로 어떻게 돈을 벌고 인생을 살아갈지, 부모로부터 언제 독립할지 등에 대해 비교적 상세히 답했다.

한국 부모들의 관심은 온통 입시교육에 쏠려있다. 한결같이 아이들이 좋은 직장에 취직하고 돈을 많이 벌기 원한다. 하지만 정작 아이들의 돈공부에는 관심을 두지 않는다. 극심한 입시 경쟁 속에서 온종일 책상에만 앉아있던 아이들은 불쑥 사회로 내몰린다. 아무런 준비 없이 팍팍한 현실을 마주한 아이들은 절망할 수밖에 없다. 어른이 되기 전에, 반드시 돈공부를 해야 하는 이유다.

미국의 경제 교육은 우리와 많이 다르다. 돈 버는 법을 가장 중요하게 여긴다. 이웃집에서 아르바이트하고 학교에서는 펀딩(자금모집)을 시킨다. 그러나 한국은 아이들에게 돈 버는 법을 가르쳐야 한다고 했다가는 "우리애가 소년소녀 가장도 아닌데 알바를 시키란 거냐"는 말을 듣기 일쑤다.

돈공부의 목표는 '부자 되기'가 아니다. '독립적이고 합리적인 경제인'으로 키우는 것이다. 아이가 공부하는 이유는 시험을 잘 보기 위해서가 아니라, 어른이 되어 부모로부터 홀로서기 할 힘을 기르기 위해서다. 돈공부도 같은 이치다. 생존 기술을 가르치듯 아이에게 돈 버는 방법을 가르쳐야 한다.

돈을 쓰는 방법에 대해서도 제대로 알려줘야 한다. "돈은 어떻게 쓰는 게 좋을까?"라고 아이들에게 물으면 "아껴 써야 해요"라고 답하는 아이들이 많다. 이제껏 돈에 관한 것이라면 기껏해야 절약밖에 배우지 못해 그렇다. 한국 경제 교육은 틀렸다. 돈을 아껴 쓰는 법뿐만 아니라 돈을 행복하게 쓰는 법을 가르쳐야 한다. 나의 꿈을 위해 돈을 쓸 때 성취감이 높아지고, 남을 위해 돈을 나눠 쓸 때 만족감이 커진다는 사실을 어려서부터 체험하도록 부모가 노력해야 한다.

부의 대물림이 심한 한국에서 부자는 태어나는 존재라고 인식한다. 그러면서 금수저를 물고 태어나지 못한 자신의 처지를 한탄한다. 하지만 부모에게 물려받지 않더라도 스스로 부자가 될 수 있다는 것을 많은 부자들이 입증하고 있다. 백종원, 방준혁, 빌 게이츠, 워런 버핏 등 자신의 손으로 부를 일군 부자들을 집중 탐구한 이유다. 이들은 어린 시절부터 실패를 거듭하며 돈에 대한 가치관을 확립해왔다는 공통점이 있다. 흙수저로 태어났다할지라도 돈공부로 나와 내 자녀의 인생을 바꿀 수 있다는 것이다.

　우리 아이들이 탐욕스런 삶보다는 만족하는 삶, 이기적인 삶보다 나누는 삶, 순응하는 삶보다 자기주도적인 삶을 살아가길 바라는 마음에서 이 책을 썼다. "이번 생은 망했어!"라고 외치는 청춘이 되지 않기를, 돈 때문에 인생의 행복과 품격을 놓치는 일이 없기를 간절히 바란다. 이 책을 읽는 독자들도 소로의 소박한 행복에 한 걸음 다가갈 수 있었으면 좋겠다.

하수정

Chapter 1 ___
흙수저 물고 태어나 요람에서 무덤까지

Chapter 2 ____
장래희망이 '부자'인 아이들

Chapter 3 ____
국영수보다 돈공부

Chapter 4 ___
자본은 노동의 아들

Chapter 5 ___
버는 것만큼 중요한 돈 쓰는 기술

Chapter 6 ____
'시간'을 무기로, 푼돈을 목돈으로 만드는 투자 기술

_____ **Chapter 1** _____

흙수저 물고 태어나
요람에서 무덤1까지

가장 가난하게
가장 오래 살아가게 될 우리

모든 것은 흰 머리에서 비롯됐다. 마루 안쪽까지 따뜻한 햇볕이 들어와 춘곤증을 부르는 날이었다. 난 폭신한 방석을 베고 누웠고, 여덟 살 쌍둥이 딸들은 머리맡에서 내 머리카락을 땋아주네 묶어주네 하며 웬일로 사이좋게 놀고 있었다. 이보다 더 완벽한 순간은 없을 정도로 여유롭고 행복했다. 둘째 딸 초울이가 내 머리카락 한 개를 뽑아들기 전까지 말이다.

"흰 머리다!"

초울이가 소리치는 바람에 졸다가 화들짝 잠이 깼다.

'에이! 설마!' 현실을 부정하고 싶었지만, 내 머릿속에서 3년은 자랐을 법한 30센티미터 짜리 흰 머리카락 한 가닥을 초울이는 눈앞에서 살랑살랑 흔들고 있었다. 내 나이 마흔하나. 눈가에 주름이 여러 개 생기고 기미가 하나둘 올라와도 '난 흰 머리카락이 없다!'는 자부심으로 버텨왔다. 착잡한 내 마음은 아랑곳없이 시울이와 초울이는 영화 〈겨울왕국〉에 나오는 얼음공주 '엘사'의 머리카락을 발견했다면서 "렛잇고~ 렛잇고~"를 불러댔다.

'아이들은 아직 아기 같은데 난 늙고 있구나.' 나보다 네 살 많은 남편은 요즘 부쩍 스마트폰 글자가 잘 안 보인다며 돋보기를 사든지 해야겠다고 말해왔던 터였다. 그동안 계속 고민해왔던 것을 더는 미루면 안 되겠다는 생각이 번득 들었다. 아이들과 함께 인생 설계를 하는 일 말이다.

일흔이 넘은 우리 엄마는 막내딸인 내가 '뭐든지 늦다'고 늘 걱정이셨다. 엄마는 여자 나이 서른 넘어 결혼하면 하늘이 무너지는 줄 아셨다. 스물아홉이 되던 해에는 주말에 맞선을 두 탕씩 본 적도 있다. 내가 서른 살에 결혼에 골인한 뒤에도 엄마의 걱정은 계속됐다. "나이 들어 아이 낳으면 고생이다"는 엄마의 잔소리 때문에 귀에 딱지가 앉을 때쯤, 다행히 쌍둥이를 낳았다. 내 나이 서른넷이었다. 병원에서 쌍둥이 때문에 '위험산모'로 분류될지언정 '고령산모'로 분류되지 않았던 것이 굉장히 자랑스러울 정도로, 난 그때까지도 철이 없었다.

고령산모는 만 나이로 서른다섯 살 이상인 산모를 말한다. 만

서른다섯 살이 넘어 임신하면 임신중독증 등 여러 가지 합병증 발병률이 높아지고, 염색체 이상으로 태아에게 장애가 생길 수 있는 위험이 증가한다고 해서 고령산모로 분류한다. 고령산모는 아이를 출산할 때까지 불안에 시달리며 온갖 검사를 권유받는다.

고령산모는 급속히 늘고 있다. 십 년 전에는 산모 열 명 중 한 명꼴이었다면 요즘은 세 명 중 한 명이다. 통계청에 따르면 평균 출산연령은 2009년 31세에서 2019년 33세로 늦춰졌다. 고령산모의 비중은 2009년 15.4퍼센트에서 2019년 33.4퍼센트로 두 배 이상 늘었다.

엄마가 되는 나이가 늦어지고 있는 것은 물론, 아빠가 되는 나이도 늦어지고 있다. 호주 커틴대학교 경제금융학부 손기태 교

만 35세가 넘어 첫 아이를 출산한 고령산모 비중은 2009년 15.4퍼센트에서 2019년 33.4퍼센트로 빠른 속도로 증가하고 있다.

수가 35~54세에 아이를 출산하는 남성을 '고령아빠'라고 분류해 조사한 결과를 보자. 고령 아빠 비중이 십 년 새 두 배 뛰었다. 2000년만 해도 한국 기혼 남성의 20퍼센트에 머물렀던 고령아빠는 2010년 38퍼센트로 늘었다. 2010년 이후 조사 결과는 없지만, 이보다 고령아빠 비중이 더 많이 늘었을 것이란 점을 부정할 사람은 없다. 나이는 숫자에 불과하다는 말, 그건 다 거짓이다. 우린 고령엄마, 고령아빠임을 인정하지 않을 수 없다.

우리는 취직이 늦어졌고, 결혼이 늦어졌고, 부모 되는 나이도 늦어졌다. 이와 반대로 퇴직 시점은 점차 앞당겨 지고 있다. 대한민국 노인 빈곤율은 45.7퍼센트(2015년 기준)로 경제협력개발기구(OECD) 국가 중 1위다. 기대수명(0세 출생자가 앞으로 생존할 것으로 기대되는 평균 생존연수)은 82.4년으로 일본과 스위스에 이어 3위다(〈2018 OECD 보건 통계〉). OECD 국가 국민 중 가장 가난하게 가장 오랜 시간 살아가게 될 것이라는 의미다.

우리는 몇 살까지 아이를 책임질 수 있을까? 아이의 결혼비용 아니 대학등록금이나 마련해 줄 수 있을까? 열심히 사는데도 좀처럼 '빈곤의 중력장'을 벗어날 수 없다. 아니 점점 더 빈곤의 블랙홀로 빨려 들어가고 있다. 게임의 룰을 바꿀 수 있는 열쇠는 '돈'이다. 돈을 제대로 알아야 돈에 휘둘리지 않는다. 돈공부가 절실한 이유다.

2019년에 태어난 아이 가운데 **33.4퍼센트**가
스무 살이 되었을 때, 그들 **부모는 55세 이상**이다.

우리는 이 아이들을
몇 살까지 책임질 수 있을까?

성실한 개미에게 주어진
시시포스의 형벌

20년 지기 친구와 오랜만에 약속을 잡았다. 약속 시간에 좀 일찍 나왔더니 친구는 아직 네일숍에서 손톱관리를 받고 있었다. 친구가 있는 네일숍에 들어가서 얘기를 나눴다. 오랜만에 만난 친구는 여전히 멋쟁이였다.

친구는 아직 아이가 없다.

"아이 낳을 생각은 없어?"

"인생 망할 일 있니. 난 이대로가 좋아."

친구는 아이를 키우면서 돈도 시간도 모자라 아등바등하는 것이 싫다고 했다. 난 친구가 '아이 때문에 인생이 망한다'고 생각한다는 데 적잖이 충격을 받았다. 그리고 아이를 낳은 후 7년 동안 한 번도 매니큐어가 발라진 적 없는 내 손톱이 새삼스러워 가방 밑에 손을 감췄다.

아이를 낳고 나면 지구가 뒤집어진다. 가치관, 생활관, 인생관 아니 머리와 마음 모두 '리셋(reset)'된다. 마치 난 처음부터 아이를 키우기 위해 존재한 것처럼 세상의 중심은 아이로 맞춰진다. 심지어 부모가 되면 외모도 옷차림도 바뀐다. 후줄근하게. 그리고는 아이에게 돈을 쏟아 붓기 시작한다. 그중 가장 많은 지출은 단연 교육비다. 아이가 공부하는 데 드는 돈이라면 전혀 아깝지 않다. 자녀를 좋은 대학에 보내는 것이 부모에게는 궁극의 목표인 듯이.

대한민국 부모들이 자녀 한 명에게 쓰는 교육비가 얼마나 될까? 정부는 초·중·고 평균 사교육비가 1인당 월 27만 1000원이라고 발표했다(교육부·통계청 〈2020년 초·중·고 사교육비 조사 결과는 1인당 월 28만 9000원〉). 정말 그럴까? 내 동료 기자는 정부 발표 그대로 보도했다가 독자들로부터 거센 항의를 받았다. 독자는 "고등학교 아들내미 수학 학원 1개만도 30만 원 넘게 든다. 현실을 알고 기사를 써라!"라고 호통을 쳤다는 거다. 정부 발표치는 사교육을 하지 않는 아이들까지 포함해 통계를 내기 때문에 현실을 제대로 반영하지 못할 수 있다. '평균 통계'의 함정이다.

대치동의 유명 학원에 들어가는 시험을 치기 위해 따로 과외를 하는가 하면, 초등학생을 대상으로 대입 준비를 시켜주는 고액 학원이 성행하고 있다는 사실은 별로 놀랄 일이 아니다. 아이 사교육에 엄마 아빠뿐 아니라 할머니, 할아버지까지 동원해 비용을 충당하고 심지어 학원비 때문에 대출을 받는 경우도 있다. 광기에 가까운 사교육이 판을 치고 있는데 현실과 동떨어진 통계라니…….

　　민간 기관에서 사교육비를 추정한 수치를 한번 살펴보자. 자녀 한 명당 월평균 37만~74만 원으로 나왔다(NH투자증권의

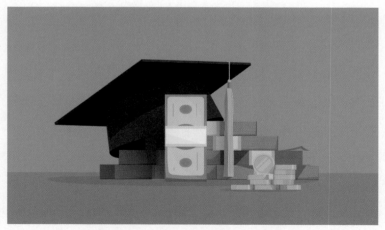

NH투자증권의 '100세시대연구소'는 유치원 다니는 시기부터 대학교까지 공교육과 사교육에 들어가는 비용이 1인당 9000만 원~3억 1400만 원이라고 추정했다.

'100세시대연구소'가 한국보건사회연구원 조사를 토대로 추정한 초·중·고 사교육비. 1인당 월평균 38만 8000~73만 6000원). 유치원 다니는 시기부터 대학교까지 공교육과 사교육비를 모두 합치면 1인당 적게는 9000만 원, 많게는 3억 1400만 원이 들 것으로 추정했다. 9000만 원은 국공립 학교에 다니고 월평균 1개의 사교육을 받는다고 가정한 수치다. 3억 1400만 원은 영어유치원과 사립초등학교, 특수목적 고등학교를 보내고 월평균 2개의 사교육을 지원한 결과다. 부모들이 열망하는 특목고와 명문대에 자녀를 보내기 위해서는 자녀 1인당 3억 원 넘는 돈이 필요하다는 얘기다.

부모가 사력을 다해 자녀를 대학까지 보냈다고 치자. 그다음에는 취업전쟁이 기다리고 있다. '스펙'을 쌓기 위해 어학연수를 보내고, 각종 자격증을 취득할 수 있게 지원한다. '고(高)스펙'에 명문대를 졸업해도 취직이 어려워 한참 동안 부모 밑에서 캥거루 생활을 하는 젊은이들이 수두룩하다. 어렵게 어렵게 자녀가 취직에 성공하면 부모들은 '다 키웠다'며 세상 모두를 가진 것처럼 뿌듯해하지만, 하나 더 남았다. 결혼을 시켜야 비로소 부모의 소임을 다 한 것처럼 느껴진다. 결혼을 시킬 때는 억 단위 비용이 든다(신한은행 〈2017 보통사람 금융생활 보고서〉, 평균 결혼비용 남성은 1억 311만 원, 여성은 7202만 원).

이러다 보니 부모들은 노후를 준비할 틈이 없다. 65세 이상 노

유치원부터 초·중·고교까지는 대입 사교육,
대학을 졸업한 뒤에는 취업 사교육,
40대 이후에는 인생 2막을 위한 사교육…….

시시포스의 형벌에
마지막이 없듯이
사교육에도
마지막은 없다.

**르네상스 시대를 이끈 이탈리아 화가
티치아노의 작품 <시시포스>**

인 두 명 중 한 명은 빈곤층에 해당한다는 통계가 이를 증명한다. 통계청·금융감독원·한국은행이 발표한 〈2018년 가계금융·복지조사〉를 보면, 65세 이상의 상대적 빈곤율(소득수준이 중위소득의 50퍼센트 미만인 계층이 전체 인구에서 차지하는 비율)은 43.8퍼센트다.

그렇다고 애지중지 내 모든 것을 쏟아 부은 자녀는 과연 행복할까? 청소년 사망 원인 1위는 자살이다. 9년째 그렇다. 청년 실업은 갈수록 악화하고 있다. 빌린 돈을 갚지 못해 파산한 20대 젊은이들이 1만 명(신용회복위원회 2016년 20대 워크아웃 신청자 1만 1102명)을 넘어섰다. 대학을 졸업하자마자 실업자와 신용불량자가 된다는 '청년실신'이란 신조어까지 생겼다.

부모는 자녀를 좋은 대학에 보내기 위해 쉬지 않고 열심히 일했고, 자녀는 좋은 대학에 가기 위해 놀지 않고 열심히 공부했다. 단지 그것뿐인데 결과는 참담하다. 부모도 자녀도 모두 불행하다. 어린아이일 때도 청년이 돼서도 어른이 돼서도 노인이 돼서도 행복하지 않다고 느끼는 이런 삶을 내 자녀에게 똑같이 물려줘야 하는가? 이대로 계속 사교육업자들의 주머니에 돈을 채워주면서 가족의 행복을 담보로 한 위험한 도박을 이어갈 것인가? 부모가 된 우리, 머리와 마음을 냉철하게 다시 '리셋'할 때가 됐다.

먼 훗날 나는 아이의
버팀목이 될까, 짐이 될까?

#1

 캐롤, 애들 사교육 어떤 것 시켜?

 수영하고 기타 연주, 미술 시켜.

 교육비 많이 나오겠네?

 기타하고 미술은 도서관에서 하는 무료 수업이야.

수영은 한 달에 200달러니까 두 명이서 400달러(45만 원

정도) 들어.

애들 고등학교 졸업하고 독립시킬 때까지는 내가 책임져

야지. 그래도 애들이 베이비시터하고 잔디 깎기 하면서 스

스로 용돈을 벌고 있어. :)

애들 참 대견하다. 캐롤, 노후 준비는 하는 거야?

당연하지.

직장에서 401K(세제혜택이 있는 퇴직연금) 들었고 개인연금
도 하나 있어.

매달 수입의 20퍼센트는 노후를 위해서 떼어 놓아.

그러고 나서 생활비 빼고 나머지 예산에서 애들 교육을 하
고 있어.

#2

서영아, 애들 교육비 매달 얼마나 나오는지 물어봐도 돼?

둘째 딸 유치원비만 매달 50만 원이야.

초등학생 첫째 딸 영어학원이 26만 원이고.

첫째 둘째 같이 발레랑 피아노 보내고 학습지시키고 하다
보면 둘이 합쳐서 140만 원이나 깨져. T.T

주위에 비하면 시키는 게 많지 않은 편인데, 남편 버는 게 여
기로 다 빠져나간다. 애들 학원비 때문에 생활비가 빠듯해.

노후 준비는 하는 거야?

노후 준비가 뭔가요? -..-;;

캐롤은 미국에서 사귄 친구다. 서영이는 한국의 내 오랜 친구다. 둘 다 아이 두 명을 키우고 있다. 스스로 중산층이라고 믿고 있는 평범한 부모다. 아이들 교육에 관심이 많다. 그런데 큰 차이점이 있다. 서영이는 아이들 교육비를 가장 우선시하지만, 캐롤은 노후 준비와 생활비를 떼고 남은 돈에서 교육비를 지출한다는 것이다. 캐롤과 서영이가 미국인과 한국인을 대표하는 것은 아니지만, 대부분 한국 친구들은 서영이와 비슷한 처지다.

한국은 주요 경제협력개발기구(OECD) 국가들보다 사적 개인연금에 가입한 비율이 한참 낮다. 미국은 성인 둘 중 한 명(47.1퍼센트)이 개인적으로 연금에 가입한 반면, 한국의 개인연금 가입비율은 성인 네 명 중 한 명(23.4퍼센트)에 불과하다. 독일의 사적 연금 가입비율은 70퍼센트가 넘는다. 그만큼 한국 사람들이 상대적으로 노후 준비가 덜 돼 있다는 뜻이다(《OECD 생산활동인구(16~64세) 중 사적연금 가입비율은 독일 71.3퍼센트, 캐나다 50.4퍼센트, 미국 47.1퍼센트, 영국 43.4퍼센트, 한국 23.4퍼센트).

한국의 고령화 속도는 세계에서 유례가 없을 만큼 빠르다. 유엔은 만 65세 이상 인구가 전체 인구의 7퍼센트가 넘으면 '고령화사회', 14퍼센트를 넘으면 '고령사회', 20퍼센트를 넘으면 초

인간의 수명이 100세를 넘보는
'호모 헌드레드' 시대가 도래했다.
빈손으로 인생 2막의 출발선에 서게 될 우리에게
장수는 축복이기보다는 재앙이다.

고령사회로 분류한다. 고령화사회에서 고령사회가 되는 데 일본은 24년, 미국은 73년, 프랑스는 115년이 걸렸다. 고령사회가 되는데 한국은 고작 17년 걸렸다.

'호모 헌드레드(homo hundred : 과학기술 발달로 평균 수명이 100세가 넘는 신인류)'의 시대가 성큼 다가오고 있다. 수명은 연장되는 데 노후 준비는 안 되어 있고, 자식 뒷바라지하느라 하루하루 팍팍하게 사는 우리들. 다람쥐 쳇바퀴 돌 듯 미래를 내다보지 않고 현실의 굴레에서 벗어나지 못한다면 추운 노후를 맞을 것이 뻔하다. "우리 이러다 정말 백 살까지 살면 어쩌지?" 서영이의 '웃픈' 걱정을 농담으로 넘겨버리기 어려운 이유다.

비행기 안전 매뉴얼에는 비상시에 부모가 먼저 산소마스크를 착용한 후에 아이에게 씌워주라고 돼 있다. 다급한 마음에 아이에게 먼저 마스크를 씌우려다 부모가 산소 부족으로 정신을 잃으면 부모와 아이 둘 다 위험해질 수 있기 때문이다. 내가 건강해야 내 아이도 챙길 수 있다.

어릴 적 본 그림책이 한 권 떠오른다. 셸 실버스타인의 『아낌없이 주는 나무』다. 우리는 자신의 존재가 위태로워질지라도 소년에게 모든 걸 내어주는 나무에게 '부모'를, 나무에게 무한한 지원을 받는 소년에게 '자녀'의 모습을 본다. 그런데 이런 의문이 든다. 나무처럼 자녀에게 한없이 헌신하는 게 바람직한 걸까? 소년은 삶의 변곡점에 이를 때마다 나무를 찾아와 필요한 것들을 얻어갔다. 나뭇잎, 그늘, 열매, 가지, 몸통, 밑동……. 긴 시간 한결같은 나무의 헌신이 소년을 의존적인 사람으로 만든 건 아닐까? 하나둘 자신이 가진 걸 내어줄 때마다 나무는 행복하다고 말했지만, 소년은 한 번도 행복하다 말하지 않았다. 나 자신을 온전히 희생한 채 자녀에게만 매달리다가는, 나도 자녀도 행복할 수 없다.

긴 시간 한결같은 나무의 헌신이 소년을 의존적이고 받을 줄만 아는 사람으로 만든 건 아닐까?

'지폐지기(知幣知己)', 돈을 알고 나를 알자

'쉼'.

언젠가 내가 작은 카페를 하나 차릴 수 있다면 가게 이름은 이것으로 할 테다. 쉼은 나에게 특별한 의미다. 아니 모든 삶에는 쉼이 특별한 의미가 될 것이다. 앞만 보고 쉼 없이 달리다간 목적지에 도달하기 전에 고꾸라질 수 있다. 쉼이 있어야 바른길로 가고 있는지 되돌아볼 수 있다. 반드시 긴 휴가가 필요한 것은 아니다. 한 달에 한 번, 일 년에 한 번이라도 내가 살아온 길을 반추하는 시간이 필요하다는 얘기다.

난 사회생활 17년 만에 다소 긴 쉼표를 찍을 기회를 얻었다. 남편이 뉴욕특파원으로 발령받은 것이다. 감사하게도 회사로부터 2년간의 휴직을 허락받고 미국에서 가족과 시간을 보낼 수 있었다. 그제야 나도 쉼 없이 달려온 길을 되돌아보기 시작했다.

　사회초년병 시절에는 아빠 차를 얻어 타고 출근하곤 했다. 차 뒷좌석에서 거의 기절한 상태로 누워 있다가 아빠가 "다 왔다"고 외치면 겨우 깨어났다. 사실 아침마다 술이 덜 깬 상태였단 것을 이제야 고백한다. 그땐 죽자고 마셨다. 내 얼굴은 술자리에서 용암이 분출하기 일보 직전의 활화산으로 돌변하고, 화장실로 달려가 먹은 것을 게워내기 일쑤였다. 쓰린 속은 겔포스로 달랬다. 위염이 심해졌지만, 그렇게 마셔야 하는 건 줄만 알았다. 그래야만 취재원과 조금이라도 관계가 돈독해지고 뭐 하나라도 기삿거리를 건지리라 생각했던, 가진 건 열정밖에 없었던 애송이 기자였기 때문이다.

　결혼 하루 전날에는 밀린 청첩장을 돌리느라 예약된 마사지숍에도 가지 못했다. 아니, 가지 않았다. 청첩장을 핑계로 어느 한 경제부처 장관을 찾아갈 궁리를 하고 있었다. 거기서 특종거리를 듣고서는 노트북이 부서져라 기사를 써내려가며 마사지숍에 안 가길 잘했다고 혼자 히죽댔다. 남자친구, 지금의 남편은 나에게 "작작 좀 하라"고 했다.

　철없고 요령 없던 초년병시절이 지났지만, 돌아보면 여전히 내 삶에 나는 없었다. 회사 일과 육아, 가사, 양갓집 대소사, 각종

"한 달 생활비
얼마나 쓰세요?"

이 질문에 우물쭈물하지 않고
정확히 대답할 수 있는가?
머니 플랜의 첫걸음은
소득과 **지출**을 정확히 아는 것이다.

경조사. 월화수목금금금…… 인 듯 살아왔다.

그러다 맞게 된 2년의 휴직은 천문학적인 업무 스트레스에서 벗어나는 것뿐만 아니라 내게 그 이상 의미 있는 시간이 되었다. 난 쉼으로써 가족을 되찾았고 삶의 방향을 바로 잡았다. 두 딸이 3년 묵은 나의 흰 머리카락을 찾은 것도 미국에서였다.

그날 밤 아이들을 재우고 오랜만에 다이어리를 폈다. 기다란 새치는 다이어리 사이에 끼워 테이프로 붙였다. 그리고 난생처음 나를 위한 질문지를 작성했다. 내가 묻고 내가 답했다. 삼십 분도 걸리지 않았던 자문자답(自問自答)은 내 삶에 나를 등장시키는 계기가 됐다. 그날 이후 가족관도 바뀌었다. '아이들을 잘 키우겠다'는 생각에서 '나, 남편, 아이들 우리 가족 모두가 행복한 가정을 만들자'고 생각을 고쳐먹었다.

내가 작성한 스무 개의 질문을 공유한다. 해마다 마지막 날에는 자신과 가족을 위해 자문자답하길 권한다. 삼십 분에 불과한 쉼 일지라도 당신의 인생에 변화가 생길 것이다.

자문자답하기 전에 나의 재정상황이 어떤지 먼저 확인해보자. 돈 없이 살 수 있는 사람은 없다. 돈을 벌고, 쓰고, 관리하는 것이 삶의 팔 할이다. 돈을 배제한 인생 이야기는 뜬구름 잡는 이야기가 될 수밖에 없다. 재정상황을 정확히 파악해야 새로운 의지와 계획이 현실에 닻을 내릴 수 있다.

금융결제원 계좌정보통합관리서비스(www.payinfo.or.kr)를 이용하면 내 이름으로 개설된 모든 은행 계좌를 일괄 조회할 수 있다. 국민연금공단 '내연금' 홈페이지(csa.nps.or.kr)에서는 직접 재무설계를 해 볼 수 있다. '내 연금 알아보기' 코너에서 국민연금 납부 내역과 예상연금을 조회해보자. 온라인으로 신청하면 개인연금, 주택연금, 퇴직연금 정보까지 한꺼번에 볼 수 있고 노후자금 설계도 할 수 있다.

자문자답

나이 지금 나는 인생의 어느 위치에 서 있는가?

1　당신은 몇 살입니까?
2　자녀가 있다면, 자녀는 몇 살입니까?
3　배우자가 있다면, 몇 살입니까?
4　부모님이 살아 계신다면, 부모님의 연세는 몇 세입니까?
5　당신의 기대수명은 얼마나 된다고 예상하십니까?

삶의 안정을 위한 물질적 도구가 얼마나 있는가?

6   가족의 평균 월 소득은 얼마입니까?

7   집을 소유하고 있습니까?

8   집 이외에 재산이 얼마나 있습니까?

9   일정 소득을 벌어들일 수 있는 기간이 앞으로 몇 년 남았다고 생각하십니까?

 내가 짊어진 짐은 얼마나 무거운가?

10   당신은 매달 자녀를 위한 교육비로 얼마를 쓰고 있습니까?

11   자녀 외에 부양가족이 있다면 그들을 위해 쓰는 돈은 얼마입니까?

12   노후 준비를 포함해 자신을 위해 쓰는 돈은 얼마입니까?

13   당신은 자녀를 몇 살까지 부양할 계획입니까?

14   그때까지 자금이 얼마나 들 것으로 예상하십니까?

 꿈을 이룰 준비를 하고 있는가?

15   당신은 노후에 자녀로부터 부양받는 것을 원하십니까?

16   퇴직 이후부터 기대수명까지 생활비 등 자금이 얼마나 필요할 것으로 예
     상하십니까?

17   지금까지 적립한 노후자금이 얼마입니까?
     안정된 노후생활을 위해 추가로 필요한 자금이 얼마입니까?

18   인생의 목표는 무엇입니까?

19   인생의 목표를 얼마나 이루었습니까?

20   인생의 목표를 이루기 위해 앞으로 무엇을 해야 합니까?

어떤 부자도 상속할 수 없는
'시행착오'라는 자산

두 딸과 미국 뉴저지에 위치한 토머스 에디슨 박물관으로 견학
을 갔다. 1000종이 넘는 특허를 보유한 '발명왕'이자 세계적 제
조업체 제네럴일렉트릭(GE) 설립자인 토머스 에디슨(Thomas
Alva Edison, 1847~1931년)의 실험실과 저택을 직접 볼 수 있었다.
에디슨이 살던 집은 넓고 푸른 잔디정원 위에 빨간 벽돌로 지어
진 3층짜리 저택이었다. 집 안은 고풍스럽고 고급스러운 가구와
미술품으로 꾸며져 있었다.

"우와! 에디슨 엄청나게 부자였나 봐. 나도 이런 집에서 살고
싶어."

"엄마, 나도 공부 열심히 하면 돈 많이 벌어서 이런 집 살 수

있는 거야?"

두 딸이 눈이 휘둥그레지며 물었다.

"아니, 에디슨 되게 공부 못했대. 사고뭉치였다던대. 공부만 열심히 한다고 다 부자 되는 건 아니야."

이 무슨 동심파괴 답변이냐고 할지 모르겠지만, 진실은 그랬다.

에디슨은 선생님마저 포기한 아이였다. 결석을 밥 먹듯이 하고 어쩌다 수업에 참여하더라도 딴짓만 했다. 결국 초등학교 입학 삼 개월 만에 퇴학을 당했다. 아동심리학자들은 에디슨이 주의력결핍 과잉행동장애(ADHD)를 가졌던 것으로 보인다고 평가하기도 한다.

남들은 에디슨을 이상한 아이라고 손가락질했지만, 그의 어머니는 아들의 잠재력을 믿었다. 어머니는 호기심 많은 에디슨을 위해 좋아하는 과학책을 읽었고 지하창고에 실험실을 만들어줬다. 실험의 재미에 푹 빠진 에디슨은 스스로 실험비용을 벌기 위해 열차에서 신문과 음식을 팔았다. 헌 인쇄기를 사들여 신문을 만들어 팔기도 했다. 그가 전신기술자로 일하기 시작한 것은 열여섯 살, 전업 발명가가 되겠다고 선언한 것은 스물두 살이었다. 그 뒤 백열전구, 축음기, 전차, 발전기, 영화촬영기 등 전 세계 사람들의 삶을 혁신적으로 바꿔놓은 수많은 기기를 만들어낸 발명

"나는 평생
단 하루도
일하지 않았다.
그것은 모두
재미있는
놀이였다."

'일 중독자' 에디슨이 남긴 말이다.
내가 가장 좋아하는 일을 할 때
비로소 주체적인 삶이 가능해진다.

왕이 됐다.

이 천재 발명가를 만든 것은 틀에 박힌 학교 교육이 아니었다. 사설기관의 영재교육도 아니었다. 에디슨은 스스로 발명가가 됐다. 그리고 그의 뒤에는 아이의 꿈을 지지해 준 어머니가 있었다.

위인을 키운 부모는 관찰자이자 조력자였다. 주인공이 아니었다. 우리는 우리가 자녀의 삶에 주인공으로 등장하려 하는 것은 아닌지 반성해볼 필요가 있다. 내가 이루지 못한 것을 내 자녀의 삶에 투영시키려 '헬리콥터 부모'가 되어 내가 정한 길로 자녀를 끌고 가고 있는 것은 아닌가?

아이가 의사결정을 할 때 부모가 자꾸 개입하면 아이는 자신의 가능성을 스스로 차단하게 된다. 아이가 어려움에 닥쳤을 때 부모가 먼저 나서서 해결하다 보면 아이는 문제 해결 능력을 잃고 만다. 시험을 망친 고등학생 아이가 공부를 열심히 하지 않았던 자신을 탓하는 것이 아니라, 좋은 과외를 안 시켜준 부모를 탓하고 흙수저로 태어난 신세를 한탄했다는 얘기는 결코 남의 얘기가 아니다.

전 세계에서 가장 행복한 국가로 꼽히는 덴마크(지속가능발전 해법네트워크(SDSN), 〈세계 행복 보고서 2016〉)에는 아이들이 스스로 자신의 진로를 고민하고 탐색할 수 있는 인생학교가 있다. 고등

실패가 쌓인다는 것은
점점 성공에 가까워짐을 의미한다.
성공한 경험뿐만 아니라
시행착오 역시 아이들의 자산이다.

학교 올라가기 전 앞으로 어떤 꿈을 꿀지 생각해보는 '에프터스콜레(Efterskole)'라는 학교다. 1년 코스인 이 학교에 덴마크 십 대 20퍼센트가 거쳐 간다. 무엇인가 훈련하는 직업학교는 아니다. 시험도 없다. 아이들은 그저 운동하고 놀고 밥을 해 먹고 청소하며 기숙 생활을 한다. 그러면서 사회생활을 체험하고 꿈을 찾는 시간을 가진다.

덴마크의 한 선생님이 언론과 인터뷰하며 한 말이 뇌리를 떠나지 않는다.

"부모와 선생이 계속 길을 안내하면 아이들은 스스로 길을 찾지 않는다. 부모와 선생은 아이들이 많은 경험을 할 수 있고 생각할 수 있는 시간을 조성하는 역할을 하는 것에 그쳐야 한다. 그러면 아이들이 직접 원하는 것을 찾아낼 것이다."

부모들이여! 아이의 삶은 아이가 주인공이 되도록 내버려두자. 우리는 우리 삶의 주인공이 되자. 아이의 도전 정신을 방해하지 말자. 실수를 응원하자. 옆에서 보고 있자면 속이 터질지라도……

모두가 인생의 주인공이 되어 그리는
가족 인생 설계도

자문자답으로 자신의 생각을 정리했다면, 그리고 아이의 꿈을 응원할 마음의 준비도 됐다면, 이제 가족이 함께 인생 설계를 해 볼 차례다. 가족 인생 설계는 거창한 것이 아니다. 가족 구성원이 각자 지금 하고 싶은 것과 앞으로 하고 싶은 것, 그리고 그것을 어떻게 이룰 수 있는지 함께 고민하고 공유하면 된다. 해마다 마지막 날 혼자 자문자답을 해보고, 다음날인 새해 첫날 가족이 모여 인생 설계를 한다면 의미 있는 연말 연초가 될 수 있을 것이다. 해마다 수정되는 인생 설계도를 차곡차곡 모아놓으면 훗날 가족 모임에 안줏거리로 꺼내볼 수도 있다.

인생 설계도를 만들 때 권하고 싶은 두 가지가 있다. 하나는 부모의 재정 상황과 예상 은퇴시기를 아이들에게 솔직하게 알리는 것이다. 그러면 아이들은 '아, 우리 부모님이 내가 결혼하기 전에 또는 대학에 가기 전에 퇴직하셔서 나에게 경제적 지원을 해 주지 못할 수 있구나!'라는 것을 스스로 깨닫게 된다. 부모의 경제적 지원이 당연하고도 영원한 것이 아니라는 것을 자연스럽게 알려줄 수 있다.

또 다른 하나는 자녀의 독립시기 목표를 정하는 것이다. 독립은 재정적인 독립일 수도 있고 물리적인 독립일 수도 있다. 일단 독립시기에 대한 목표를 정해놓으면 아이들은 언젠가 부모의 도

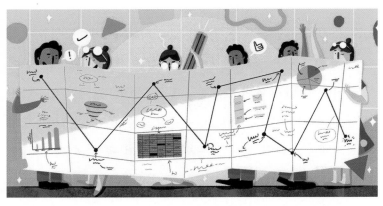

가족 인생 설계도를 만드는 이유는 단지 생애 주기 가설에 따라 가구당 재무설계를 하기 위한 게 아니다. 가족이 생각을 공유하고 서로의 꿈을 격려해주기 위해서다. 가족 인생 설계도를 만드는 동안 아빠, 엄마, 아이 모두 스스로 인생의 주인공이 되는 근사한 경험을 할 수 있다.

움 없이 혼자 삶을 꾸려나가야 한다는 사실을 자연스럽게 인지하게 된다. 아이가 자신의 인생을 좀 더 진취적으로 살아갈 유인을 제공하는 효과도 얻을 수 있다. 무엇보다 아이가 스스로 직업을 찾고 꿈을 구체화하는 계기를 만들어 줄 수 있다.

우리 가족은 '구글 오피스' 프로그램에 있는 스프레드시트를 이용해 설계도를 짰다. 구글 오피스는 여러 사람과 작업을 쉽게 공유할 수 있는 장점이 있다. 자녀가 초등학생 고학년 이상으로 컴퓨터를 다룰 줄 안다면 구글 오피스로 함께 작업하는 것을 강력 추천한다. 구글이 싫다면 마이크로소프트 엑셀 프로그램을 사용하거나 빈 종이에 연필로 그려도 상관없다. 기분 내키는 대로 하시라.

가족 인생 설계도 만들기 1단계
가족 인생 이벤트 표 만들기

각자 가정 형편에 따라 설계를 하면 되겠지만, 우리 가족의 경우 세 단계로 인생 설계도를 짜 보았다. 첫 번째 단계는 '가족 인생 이벤트 표' 만들기다. 연도별로 가족 구성원의 나이를 나열했다. 5년 단위로 했다. 2020년 '아빠 48, 엄마 44, 딸 11'에서

가족 인생 이벤트 표 만들기 예시

	나이				5년 단위 이벤트				연 소득과 지출 (만 원)	
	아빠	엄마	아들	딸	아빠	엄마	아들	딸	연 소득	연 지출
2018년	46	42	12	9	승진	재취업	중학교		10000	4500
2020년	48	44	14	11	집 확장 이사		고등학교	중학교	12000	40000
2025년	53	49	19	16			대학교	고등학교	12000	8000
2030년	58	54	24	21	퇴직		취업	대학교	10000	6000
2035년	63	59	29	26	전원주택 마련		결혼	취업		30000
2040년	68	64	34	31			출산	결혼		10000
2045년	73	69	39	36				출산		
2050년	78	74	44	41						
2055년	83	79	49	46						
2060년	88	84	54	51						
2065년	93	89	59	56						
2070년	98	94	64	61						
2075년		99	69	66						
2080년			74	71						
2085년			79	76						
2090년			84	81						
2095년			89	86						
2100년			94	91						
2105년			99	96						
2110년			104	101						

2070년 '아빠 98, 엄마 94, 딸 61'까지는 가족 모두의 나이를 주르륵 적었다. 하지만 2070년 이후에는 아빠와 엄마 나이를 적지 않았다. 그땐 남편과 내가 이 세상에 존재하지 않는 시기다. 말하지 않아도 아이들은 빈칸을 보며 그것이 무엇을 의미하는지 알게 된다.

거기에 각 가족 구성원별 예상되는 주요 인생 이벤트를 연도별로 적는다. 예를 들면 '아빠 : 퇴직', '엄마 : 업무 복귀', '딸 : 고등·대학교 진학, 결혼' 등등. 우리 가족의 경우 5년 단위로 나열했기 때문에 이벤트가 시작될 것으로 예상하는 연도나 그 연도 주변에 이벤트를 적어 넣었다. 한눈에 가족의 주요 인생 이벤트를 확인할 수 있다.

가족 인생 설계도 만들기 2단계
가정의 예상 연간 소득과 연간 지출 그래프 그리기

두 번째 단계는 우리 가정의 예상 연간 소득과 연간 지출을 그래프로 그리기다. 평소 소득과 지출을 제대로 관리하지 않았던 가족이라면 이번 기회에 월급통장과 카드명세서를 펼쳐놓고 정산을 해 보시라. 한 달에 얼마를 벌고 쓰는지, 연간으로는 얼마를 벌고 쓰는지 물어보면 그 즉시 대답할 수 있는 사람은 별로 많지

않다. 나에게 돈이 얼마나 있는지, 얼마나 필요한지, 얼마나 줄줄
새고 있는지 알지도 못하면서 "돈 없다, 대박 났으면 좋겠다" 이
런 말을 입에 달고 사는 게 바로 우리다.

　미래의 소득과 지출에 대해서는 정확한 수치를 예상하긴 어렵
다. 상식적으로 추정할 수 있는 수치를 넣었다. 첫 번째 단계에서

가족 이벤트에 따른 부부 합산 연간 소득과 지출 예

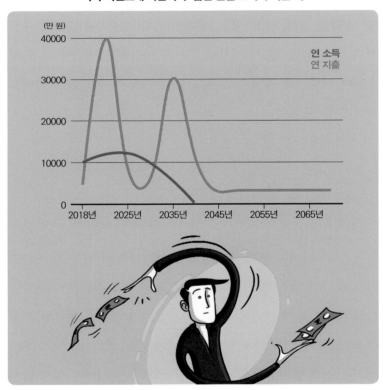

가족의 주요 인생 이벤트를 참고해 목돈이 들어가거나 퇴직을 하는 연도에는 소득과 지출을 조정했다. 미리 저축해둔 여윳돈과 재산을 그래프에 반영하지 않아도 좋다. 그래프를 만드는 목적은 가족 구성원의 이벤트에 따라 언제쯤 목돈이 필요할지, 언제쯤 소득이 끊길지 재정상황의 큰 그림을 미리 그려보는 데 있다.

중고등학교 사회교과서에도 생애 주기별 소득과 지출 변화 곡선이 나온다. 지출 곡선은 유소년기부터 노년기까지 낮은 언덕 모양으로 완만하게 그려진다. 소득 곡선은 청년기부터 시작해 높은 산 모양을 그리다 장년기를 기점으로 급격히 꺾여져 내려온다. 장년기에는 버는 돈이 쓰는 돈보다 더 많고 유소년기와 노년기에는 버는 것 없이 돈을 쓰기만 한다는 얘기다. 그래서 장년기에 노년을 대비할 저축이 필요하다는 게 교과서의 설명이다. 생애 주기 곡선은 1985년 노벨경제학상을 수상한 이탈리아 경제학자 프랑코 모딜리아니(Franco Modigliani, 1918~2003년)의 '생애 주기 가설(Life Cycle Hypothesis)'에 기반을 두고 있다.

하지만 우리네 인생살이가 어디 교과서대로, 경제 이론대로 되던가. 장년기에는 집 마련하랴 아이들 교육하랴 정신이 없다. 돈이 남기는커녕 빚을 져야 할 판이다. 우리 집도 마찬가지다. 이

사, 아이들 대학교와 결혼 등의 이벤트를 적용하고 나니 지출 곡선에 큰 봉우리 서너 개가 만들어졌다. 아이들 대학교 등록금은 입학 첫 학기에만 지원해주기로 했는데도 말이다.

아이들 결혼자금은 아이들이 스스로 마련하되, 부모는 5000만 원 이내에서 '매칭펀드' 형식으로 지원해주기로 했다. 아이들이 자구노력으로 결혼자금을 모으면 부모가 같은 금액을 지원하는 형태다. '매칭'은 노력한 만큼 보상받는다는 것을 아이들에게 알려주기 위해 선택한 방법이다. 두 딸에게 설명해줬더니, 대번에 "나 결혼 안 하고 엄마랑 살 건데"라고 말한다. '이놈들,

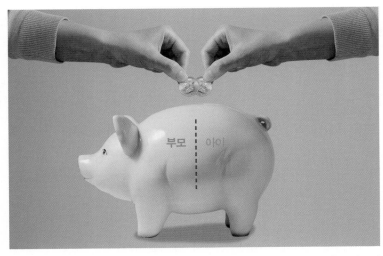

아이가 모은 만큼 부모가 같은 금액을 지원해주는 매칭 방식을 통해 노력한 만큼 보상받는다는 것을 아이에게 알려줄 수 있다.

스무 살이 넘어서도 이렇게 이야기하나 보자.'

인생은 설계한 대로 흘러가지 않는다. 경기 불황이 닥쳐 예상보다 일찍 퇴직할 수도 있고 갑자기 빚더미에 오를 수도 있다. 많은 병원비를 치러야 할 일이 생길 수도 있고, 골치 아픈 소송에 휘말려 돈을 떼일 수도 있다. 그러다가 어렵게 시작한 창업이 성공할 수도 있고 오래전 사놓은 주식이 급등해 대박을 터뜨릴 수도 있다. 어찌 보면 인생이 무상하고 인생 설계도 무상한 것 아니냐고 생각할 수도 있다.

그렇지 않다! 프리드리히 니체(Friedrich Nietzsche, 1844~1900년)는 '중력을 거스르고 춤을 추라'했다(『자라투스트라는 이렇게 말했다』, 1883년). 삶을 짓누르는 중력에 맞서 춤을 추는 자만이 스스로 인생의 가치를 창조할 수 있다.

일본 최고의 기업가로 꼽히는 재일 한국인 손정의 소프트뱅크 회장(136쪽 참조)은 자신의 의지로 인생의 가치를 창조한 대표적 인물이다. 손 회장은 무일푼이던 열아홉 살에 인생 설계를 했다. 20대에 이름을 알리고, 30대에 1천억 엔(1조 원)의 사업자금을 마련하고, 40대에 사업에 승부를 걸고, 50대에 연 매출 1조 엔(10조 원)의 사업을 완성한다는 꿈이다. 놀랍게도 그의 인생 계획은 모두 실현됐다. 60대가 되면 다음 세대에게 사업을 물려준다는 계획만 빼고 말이다.

"한 치 앞을 모르는데 인생 계획이 무슨 소용이람."

**삶을 짓누르는 중력에 맞서
춤을 추는 자만이
스스로 인생의 가치를 창조할 수 있다.**

가족의 꿈 그려보기

　자, 이제 인생 설계 마지막 단계 꿈 그려보기다. 앞서 만든 연 소득 및 연 지출 예상그래프를 출력해 그 위에 연도별로 가족들 의 크고 작은 꿈을 적어 넣어 보자. 이 단계에서 중요한 것은 부 모가 아이의 행동에 절대 부정적으로 반응해선 안 된다는 것이 다. 아이가 무엇을 꿈꾸든지 격려해주어야 한다. 설사 장래희망 이 없다 하더라도 아이의 생각을 존중해 줄 필요가 있다. 해마다 가족과 함께 이런 시간을 갖는 것만으로도 아이들은 조금씩 변 화하고 조금씩 길을 찾아 나설 것이다.

　두 딸은 (그들 수준에서) 야심 찬 인생 목표를 세웠다. 시울이는 보석디자이너가 되겠다고 했다. 무려 뉴욕 타임스퀘어에 보석가 게를 차리겠단다. 초울이는 호텔 오너가 꿈이다. 캘리포니아 카 멜비치에 호텔을 짓고 그 안에 선물가게를 만들어 엄마가 놀러 오면 선물을 많이 주는 게 목표다. 열심히 여행 다닌 보람이 있 다. 큰 꿈을 이루기 전 작은 꿈들도 열심히 적었다. 시울이는 열 두 살 되는 해에 언니들처럼 대견(?)해져서 강아지를 키우고야 말겠다고 했다. 마술을 배워 매직쇼도 열 계획이다. 초울이는 동 생들에게 영어 교습을 해주고 돈을 모아서 파리와 뉴욕을 여행 할 계획을 세웠다. 남편과 나도 큰 꿈, 작은 꿈을 인생 설계도에 적어 넣었다.

가족 인생 설계도를 만드는 이유는 단지 생애 주기 가설에 따라 가구당 재무설계를 하기 위한 게 아니다. 가족끼리 생각을 공유하고 서로의 생각을 격려해주기 위해서다. 자녀가 아빠와 엄마의 인생을 들여다보면서 가족 구성원으로서 책임감을 갖게 되는 효과도 얻을 수 있다. 무엇보다 아빠, 엄마, 아이 모두 스스로 인생의 주인공이 되는 근사한 경험을 할 수 있다.

내 운명은 내가 창조하는 것이니까.

아모르 파티(Amor fati : 네 운명을 사랑하라)!

'상속세 폐지'를 반대하는
아버지의 유산

●

빌 게이츠

유튜브로 TED 동영상 보는 것을 즐긴다. TED는 미국의 비영리 재단에서 운영하는 강연회로, 다양한 직종, 인종, 연령대의 사람들이 TED를 통해 자신의 지식과 경험을 공유한다. 몇 년 전 빌 게이츠(Bill Gates, 1955년~)의 TED 강연을 보고 처음에는 이상하다는 생각이 들었다. 마이크로소프트의 창업자이니 당연히 전문 분야인 정보기술(IT)에 관해 얘기할 줄 알았다. 그러나 그는 전염병에 관해 얘기했다. 그는 2014년 서아프리카에서 1만 명이 넘는 사망자를 낸 에볼라 바이러스를 비롯해 전염병 바이러스가 얼마나 인류에게 위협적인 존재인지 20분가량의 TED 강연에서 상세히 설명했다.

빌 게이츠는 전염병 백신 연구에 사재를 탈탈 털어 넣었다. 인류를 위해 평생 모은 재산을 쓰겠다니, '사회 공헌'이라 하기에는 스케일부터가 차원이 다르다.

빌 게이츠는 전 세계에서 가장 돈이 많은 사람이다. 그는 미국 경제전문지 「포브스」가 발표한 '2017년 세계 억만장자' 가운데 1위를 차지했다. 빌 게이츠의 재산은 2016년에 비해 110억 달러 늘어난 860억 달러로 평가됐다. 원화로 98조 원에 달하는 돈이다. 이 재산은 부모로부터 물려받은 것이 아니다. 회사를 창업하고 키우고 주식시장에 상장시켜 번 돈이다. 비록 창업 밑천은 하

빌 게이츠와 그의 아버지 윌리엄 게이츠. 재산 99.9퍼센트를 인류에게 기부하기로 한 빌 게이츠는 역할 모델이 누구냐는 질문에 항상 '부모님'이라고 답했다. "나의 모든 것은 어려서부터 부모님에게 다 배운 것이다. 자선사업도 그중의 하나다."

버드대학교 기숙사 친구들과의 포커게임에서 싹쓸이한 돈이었을지언정…….

우리에게 익숙한 부자 이야기는 대부분 미담이 아니다. 부자가 된 기업인은 자녀들에게 회사 경영권과 재산을 물려주기 위해 각종 편법을 쓴다. 창업자는 영원히 회사의 주인이며, 창업자 자녀들은 당연히 회사의 주인이 되리라 의심치 않는다. 이들이 회사 돈을 쌈짓돈처럼 쓰거나 불법 비자금을 챙겼다가 검찰 조사를 받게 됐다는 뉴스도 그다지 낯설지 않다.

빌 게이츠 이야기는 다르다. 2008년 빌 게이츠는 33년 동안 이끌어오던 마이크로소프트 경영에서 완전히 물러났다. 그는 자녀에게 최소한의 재산만 물려주고 나머지는 모두 기부하겠다고 밝혔다. 빌 게이츠가 세 자녀에게 물려주는 돈은 1명당 1000만 달러, 우리 돈으로 114억 원 정도다. 물론 이것만으로도 우리에게는 '헉' 소리가 날 정도로 엄청나게 큰돈이다. 하지만 빌 게이츠 재산에서 차지하는 비율로 따져보면, 세 자녀에게 물려주는 3000만 달러는 그의 재산 가운데 0.035퍼센트에 불과하다. 나머지 99.965퍼센트를 몽땅 기부하겠다는 것이다.

마이크로소프트 경영 일선에서 내려온 빌 게이츠는 아버지, 아내와 함께 자선단체인 빌앤멜린다게이츠재단에서 일하고 있다. 이 재단은 세계에서 가장 규모가 큰 민간재단으로, 빈민지역 어린이를 위한 백신 개발, 교육환경 개선, 환경친화적 에너지 개발 등 인류를 위한 지원 사업을 펼친다. 마이크로소프트를 성장시키는 과정에서 독과점, 끼워팔기 등 적잖은 논란이 있기는 했지만, 현재 빌 게이츠는 전 세계에서 가장 존경받는 기업인으로 꼽힌다.

빌 게이츠가 이렇게 존경받는 부자가 될 수 있었던 데는 부모의 영향이 컸다. 빌 게이츠는 '자신이 가장 닮고 싶은 인물'로 항상 아버지를 꼽아왔다.

빌 게이츠의 아버지 윌리엄 헨리 게이츠 2세(William Henry Gates Ⅱ, 1925년~)는 자녀들에게 독립성을 강조해왔다. 윌리엄 게이츠는 시애틀에서 손꼽히는 유명 변호사였다. 넉넉한 집안 형편에도 윌리엄 게이츠는 자녀들에게 물질적으로 인색했다. 아이들이 갖고 싶은 것을 모두 갖게 되면 새로운 것에 도전하려는 의욕이 적어진다는 교육 철학 때문이었다. 아들 빌 게이츠에게 하루 용돈으로 25센트(285원)밖에 주지 않았다. 그는 언론과의 인터뷰에서 이렇게 말했다.

"내가 아들에게 재산을 물려줬다면 지금의 빌 게이츠는 없었을 것이다."

특히 윌리엄 게이츠는 조지 W 부시(George W. Bush, 1946년~) 전 미국 대통령이 상속세를 폐지하려 할 때 반대 운동을 주도한 것으로 유명하다. "상속세 폐지는 부자의 자녀를 더욱 부자로 만들고 가난한 사람의 자녀를 더욱 가난하게 만들 것이다, 부는 대물림되면 안 된다"고 외쳤다.

아버지의 생각은 고스란히 아들에게 옮겨갔다. 빌 게이츠 역시 자녀들에게는 '짠돌이'다. 세 자녀에게 용돈을 1주일에 1달러(1140원 정도)씩밖에 주지 않았다. 대신 아이들에게 집안일을 해서 용돈을 벌게 했다. 아이들이 열네 살이 되기 전에는 휴대전화도 사주지 않았다.

2013년 한국을 방문한 빌 게이츠는 국회 강연에서 이렇게 말했다.

"자녀에게 1억 달러가 넘는 재산을 주고 인생을 시작하게 할수도 있었습니다. 하지만 그것은 자녀에게 오히려 해가 된다고 생각했어요. 자신들의 힘으로 무엇인가 성취하는 능력을 키울 수 없게 될 것이기 때문이죠. 과도한 상속은 자녀를 망치는 길입니다."

빌 게이츠는 미국의 대표적인 갑부 모임 RW(Responsible Wealth)를 이끌며 상속세 폐지 반대 운동을 펼치고 있다. 윌리엄 게이츠는 아들에게 억만금을 줘도 살 수 없는 '부자의 품격'을 상속했다.

Chapter 2

장래희망이
'부자'인 아이들

MZ세대 '빚투'의 책임은
부모에게 있다!

처음에는 알렉스와 지나가 신기했다. 알렉스와 지나는 예쁜 이웃집 아이들이다. 아빠는 프랑스인이고 엄마는 한국인이다. 어느 날 우리 집에 놀러 와서는 둘이 아역 광고 모델을 했던 이야기를 들려줬다. 초등학교 6학년인 알렉스는 몇 년간 자신이 다니던 학원비를 모두 내고도 남을 정도로 모델료를 많이 받았다고 했다. 그리고 중학생이 되면 맥도날드에서 아르바이트해서 스스로 돈을 벌 것이라고 했다. 엄마도 알렉스와 지나가 하고 싶은 것을 적극적으로 지지한다고 했다.

미국에 머무는 동안 가장 놀라웠던 것은 아이들이 돈을 번다는 사실이다. 시울이와 초울이가 방학 동안 다녔던 여름캠프에서는 중고등학생 언니 오빠들이 초등학생 아이들을 돌보면서 용돈을 벌었다. 학교, 도서관, 레스토랑, 상점 등에서 십 대 아이들이 일하는 것을 심심치 않게 볼 수 있고, 심지어 초등학교 아이들도 이웃집 개를 산책시키거나 낙엽 치우기 등을 해서 돈을 번다.

미국 금융회사 찰스슈왑(Chales Schwab 〈2011 Teens & Money survey findings〉)이 십 대 청소년들을 대상으로 설문 조사한 결과 남자아이들은 1년에 1880달러(212만 원), 여자아이들은 1년에 1372달러(155만 원) 정도를 버는 것으로 나타났다. 집안일이나 아르바이트를 해서 스스로 버는 돈이다.

미국의 십 대들은 이웃집 아이를 돌보고, 이웃의 차를 세차하고, 강아지를 산책시키고, 편의점과 패스트푸드점 등에서 일하며 스스로 돈을 번다.

남편에게 물어봤다.

"만약에 시울이와 초울이가 나중에 방학 동안 아르바이트를 한다면 찬성할 거야?"

"안 되지 안 돼! 우리 귀한 딸내미들."

내 이럴 줄 알았다.

우리 큰 언니와 작은 언니에게도 조카들이 아르바이트한다면 찬성할 것인지 물어봤다.

"공부하기도 바빠. 안 돼."

"아르바이트 위험하지 않아? 걱정스러워서 안 돼."

이번엔 미국에서 20년 넘게 산 친구에게 중학생 딸이 아르바이트하는 걸 허락하겠느냐고 물어봤다.

"우리 딸 벌써 베이비시터로 아르바이트하고 있는데?"

시울이반 학부모인 미국인에게도 아이의 아르바이트를 허락할 것인지 물었다.

"왜 안 돼(Why not)?"

어라? 학생 아르바이트에 대한 한국인과 미국인의 생각이 달라도 한참 다른 것 같다.

내친김에 학생 창업에 대한 생각도 물어봤다.

"중학생이 액세서리를 만들어 길에서 판다면 어떤 생각이 들 것 같아?"

미국인인 도서관 사서는 이렇게 대답했다.

"아이의 재주가 좋은지 궁금할 것 같아. 여러 개 사주고 싶어."

한국에 있는 친구는 이렇게 대답했다.

"도대체 이 아이 엄마는 뭐 하는 사람이기에 애 공부는 안 시키고 돈을 벌게 하는지 궁금할 것 같은데……."

역시 생각이 많이 다르다.

좀 더 많은 사람의 생각이 알고 싶어졌다. 그래서 경제 인식에 대한 설문조사를 해봤다. 설문에는 한국과 미국, 캐나다, 일본, 홍콩, 대만, 독일, 프랑스, 이탈리아, 인도, 이스라엘, 멕시코, 크로아티아 등 다양한 국적을 가진 학부모와 초등학교 5학년 이상 고등학교 이하 학생 총 121명이 참여했다. 설문지는 어른용과 아이용으로 구분해, 돈에 관한 여러 가지 생각을 알 수 있는 질문으로

부자 되기를 열망하지만
돈을 버는 방법은 전혀 모르는 한국 아이들.
쯧쯧…… 혀를 차기 전에 자신을 돌아보자.

공부에 방해된다는 이유로
아이에게 돈공부 기회를 박탈한 것이 누구인가?

채웠다.

설문조사 결과를 집계해보니 부모들의 답변은 예상한 그대로였다. 한국 부모들은 외국 부모와 비교해 자녀의 경제 활동에 대해 상당히 폐쇄적이고 부정적이었다. 자녀에게 돈에 관해 이야기하는 것조차 꺼리는 경향이 있었다. 관심이 온통 입시 교육에 쏠려있어 경제 교육은 평소 아예 생각하지도 않는 듯 답변란이 비어있는 경우가 꽤 있었다.

어른들의 경제 교육에 대한 무관심 탓일까. 아이들의 설문조사 답변은 상당히 충격적이었다. 한국 아이들은 외국 아이들보다 물질 만능주의가 상당히 심했다. '돈이 인생의 전부'라고 생각하는 아이들이 많았다. 그러면서도 정작 돈을 어떻게 벌지 구체적인 목표를 세우지는 못하고 있었다. 돈의 의미가 무엇인지, 돈을 어떻게 써야 하는지에 대해 갈팡질팡하며 경제관이 잡혀있지 않은 아이들이 대다수였다.

반면 외국 아이들은 스스로 돈을 벌어본 경험이 많았고, 돈의 가치에 대해 진지하게 답변했다. 앞으로 어떻게 돈을 벌며 인생을 살아갈지, 부모로부터 언제 독립할지 등에 대해 비교적 상세히 적은 아이들이 많았다.

아이들이 가지고 있는 돈에 관한 생각과 경험의 차이가 이들이 성인이 되었을 때 가져올 변화는 불 보듯 뻔하다.

돈만 많이 준다면,
감옥에 가도 상관없다!

가장 충격적이었던 것은 '10억 원(100만 달러)을 가질 수 있다면 죄를 짓고 1년 동안 감옥에 가도 괜찮은가?'라는 질문에 대한 학생들의 응답 결과였다. 사실 이 질문에 대한 답은 흥사단 투명사회운동본부 윤리연구센터라는 민간기구에서 이미 조사하고 그 결과를 발표한 적이 있다. 고등학생 56퍼센트, 중학생 39퍼센트가 '돈을 받는다면 감옥에 가도 괜찮다'고 답했다는 결과가 나왔었다. 이 조사가 발표됐을 당시 나는 그 결과를 별로 신뢰하지 않았다. 설마 아이들이 '돈 때문에 죄를 지을 수도 있다'고 생각하지는 않을 것이라 믿었다. 그러나 이제 난 직접 확인해보고 싶었다.

직접 설문조사를 해 본 결과, 난 나의 눈을 의심했다. 조사 대상 한국 아이들 30명 중 15명, 50퍼센트가 10억 원을 받으면 죄를 짓고 1년 동안 감옥에 갈 수 있다고 답했다. 아이들은 '죄를 지어 빨간 줄이 생겨도 10억 원이면 평생 돈 걱정 하지 않을 수 있으니까', '아무것도 안 해도 먹고 살 수 있으니까', '1년 동안 아무리 열심히 벌어도 꿈도 못 꿀 돈이어서' 등의 이유를 댔다.

반면 해외에 사는 아이들은 어땠을까? 해외에 사는 아이들 24명 중 단 1명만 '네'라고 답했고, 나머지는 모두 '아니오'를 택했다. 감옥에 가지 않겠다고 선택한 아이들은 '자유와 시간은 많은 돈을 주고도 살 수 없기 때문이다', '나는 범죄자가 되기 싫다', '나는 스스로 돈을 벌 수 있을 것이라 믿는다', '내가 옳다고 믿는 것과 다르다'라고 설명했다.

충격은 여기서 끝나지 않았다. 한국 아이들 가운데 '감옥에 가지 않겠다'고 대답했더라도 예상 밖의 이유를 댄 아이들이 몇 명 있었다. '전과자가 되면 직업을 갖기 힘들다', '전과기록을 남기기 싫어서', '신상에 남으니까'……. 이 아이들은 스펙 관리를 걱정하고 있었다. 죄를 지으면 안 된다는 도덕적 판단에 따라 결정한 게 아니었다. 심지어 '빨간 줄 그어지면 아무것도 못 하는 데, 10억 원 가지고는 강남 건물도 못 사요'라는 답도 있었다. 맞는 말이긴 하다. 현실감 터진다!

'10억 원을 가질 수 있다면
죄를 짓고 1년 동안 감옥에 갈 수 있는가?'
한국 아이 절반이 이 악랄한 제안에
기꺼이 응하겠다고 답했다.

12. 어른이 되면 무엇을 해서 돈을 벌고 싶은가요?

   내 직업을 가지고 + 로또

13. 10억 원을 받는 대신 죄를 짓고 감옥에 1년 정도 살아야 한다면
   그 돈을 받을 것인가요? 아뇨

   그 선택을 한 이유는 무엇인가요? 빨간줄 그으면 아무것도
   못하는데 10억 가지고는 건물도 못사요
                              강남

물론 설문 결과가 한국 아이들의 사고방식을 대변할 수는 없다고 생각한다. 해외에 사는 아이들이라고 모두 도덕적 기준에서 판단한다고 생각하지도 않는다. 그러나 내가 돌린 설문에서 돈을 받고 감옥에 갈 수 있다고 답한 열다섯 명의 한국 아이들이, 진심으로 이렇게 생각하고 있는지 알고 싶다. '장난으로 답한 걸 거야. 실제 상황에서라면 이런 선택을 하지는 않겠지.' 그저 기우이길 바란다.

'행복은 그저 말로만 존재하는 것'

내가 받은 121개의 설문 답안지 중에서 가장 인상 깊었던 만 16세, 고등학교 1학년 학생의 답변이다. 행복은 그저 말로만 존재하는 것이라니……. 그렇다면 이 아이는 전혀 행복을 느낄 수

15. 부자가 되는 것이 성공하는 것이라고 생각하나요?

세상을 둘러보세요. `부자만' 성공한 겁니다.

성공은 무엇이라고 생각하나요?

부자가 되는것?

16. 부자가 되면 행복할 것이라 생각하나요?

아쉽게도 세상이 그러네요.

행복은 무엇이라고 생각하나요?

그저 말로만 존재하는 것.

없다는 얘기가 아닌가.

이 아이가 걱정됐다. 누구인지 찾아서 부모에게 설문 답변을 보여 줘야 하지 않을까 고민할 정도로 말이다. 설문은 익명으로 진행돼서 정확히 누구인지 찾기 어려웠다. 한국에서 가장 똑똑한 아이들이 간다는 한 과학고에 다닌다는 것 외엔 알아낸 것이 없었다.

누구나 부러워하는 학교에 다니는 그 아이에게 행복은 그저 말로만 존재하는 것일 뿐이며, 성공은 오직 부자만의 것이었다. 설문 결과만 가지고 이 아이가 불행하다고 예단하는 것은 무리일지 모른다. 그래도 이 아이에게 행복은 말로만 존재하는 것이 아니라고 꼭 말해주고 싶었다.

설문을 통해 가장 알고 싶었던 부분은 아이들이 돈과 성공, 행복 사이 관계를 어떻게 생각하고 있을지에 관한 것이었다. 그래서 '부자가 되는 것이 성공하는 것이라 생각하나요?', '부자가 되면 행복할 것이라 생각하나요?'라는 질문을 던졌다. 우선 한국 아

한국 아이들과 외국 아이들의 부자, 성공, 행복 사이 관계 의식 조사

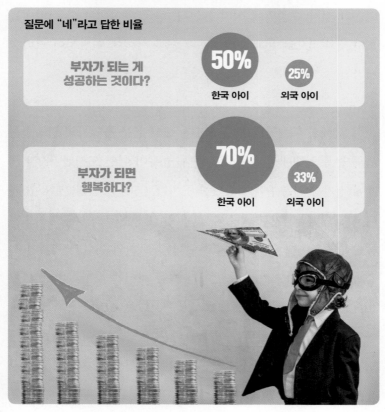

질문에 "네"라고 답한 비율

부자가 되는 게
성공하는 것이다?

50%
한국 아이

25%
외국 아이

부자가 되면
행복하다?

70%
한국 아이

33%
외국 아이

이들이 어떻게 대답했는지 살펴보자. 30명 중 15명, 절반이 '부자가 되는 것이 성공하는 것'이라고 답했다. '부자가 되면 행복할 것'이라고 대답한 아이들은 30명 중 21명, 70퍼센트에 달했다.

이번에는 해외에 사는 아이들의 답변을 보자. 부자가 성공한 것이라는 답변은 24명 중 6명, 25퍼센트에 그쳤다. 부자가 되면 행복할 것이란 답변은 8명, 33퍼센트였다. 한국 아이들이 대답한 비율의 절반 수준밖에 되지 않는다. 한국 아이들이 외국 아이들보다 상대적으로 돈과 성공, 돈과 행복 사이에 연관성이 크다고 생각하는 것이다.

처음 예상과는 정반대 결과였다. 해외 설문 응답자의 상당수는 미국 뉴욕 일대에서 거주하고 있다. 뉴욕이 어떤 도시던가? 전 세계에서 가장 자본주의가 발달한 곳이다. 6500만 달러(750억 원)짜리 파크애비뉴 펜트하우스와 전기 끊긴 브롱크스 빈민아파트가 공존하는 도시다. 이 나라 최고 권력을 쥔 자의 이름이 새겨진 고층 빌딩 숲이 허드슨 강변을 따라 병풍 쳐있는 도시. 센트럴파크 놀이터 그네조차 줄을 서서 기다리기보다는 그넷줄을 잡아채야만 기회를 잡을 수 있는 곳이 뉴욕이다. 돈과 경쟁이 지배하는 이 도시 인근에 사는 사람들이라면 한국보다 훨씬 부자가 되고 싶은 욕망이 클 것으로 생각했다. 하지만 내 예상은 빗나갔다. 뉴욕 브

루클린에 거주하는 아이는 '돈이 인생의 전부가 아니다'라고 했고, 서울 사당동에 사는 아이는 '돈이 모든 것'이라 답했다.

왜 아이들의 생각에 이런 차이가 나는 것일까? 뉴저지에 위치한 조지워싱턴초등학교의 한 선생님과 설문 결과에 관해 얘기를 나누다가 실마리를 찾았다.

"미국은 다양성이 존재하는 사회입니다. 아이들마다 인생의 목표가 달라요. 목표가 한 가지일 순 없습니다. 그러니 성공과 행복의 기준도 다양한 것 아닐까요."

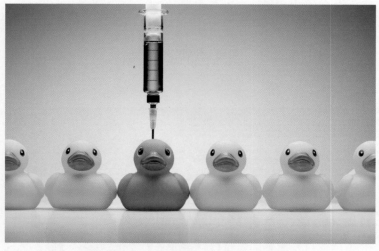

타인을 의식하다 보면 행복은 스스로 경험하는 것에서 남에게 보여주는 것으로 왜곡된다.

선생님의 얘기를 듣는 순간 서은국 연세대학교 심리학과 교수가 쓴 『행복의 기원』이 떠올랐다. 서 교수는 "행복은 사회가 개인주의를 인정할 때 커진다"고 주장한다. 집단주의가 강조되고 '다름'을 무시하는 사회에서는 개인이 행복을 느끼기 어렵다는 것이다. 좋은 대학 졸업장, 대기업 명함, 높은 연봉……. 이런 조건들을 갖춰야만 행복한 삶이라는 획일적인 사고 때문에 한국의 행복지수가 낮은 것이라고 한다.

　　10억 원을 줘도 감옥에 가지 않겠다는 이유가 스펙을 관리하기 위해서라는 우리 아이들의 생각이 이제 이해가 되기 시작했다. 아이들의 생각이 비뚤어진 것이 아니라 이미 우리 사회가 비뚤어져 있었다. 우린 남과 끊임없이 비교하고 타인을 의식하며 획일화된 기준을 자신에게 강요하고 있다. 중학교 1학년 옆집 아이가 벌써 고등학교 수학을 선행학습하고 있으니 우리 아이도

모두가 한 방향으로 달리면
1등은 단 한 명이다.
하지만 저마다
자신이 뛰고 싶은 방향으로 달리면
모두가 1등이 될 수 있다.

같은 학원에 보내 진도를 따라잡아야 한다. 우등생 친구와 아이를 같은 학원에 보내고 밤 열 시에 아이를 데리러 갔다. 외제차들이 학원 건물을 빙 둘러서 대기 중인 걸 보고 우리 집도 차를 바꿔야 하는 건 아닌지 심각하게 고민한다. 너도나도 같은 목표를 향해 달려가고 조부모 또는 부모의 재력으로 좋은 스펙을 만든 아이가 결국 마라톤 경기에서 최종 승자가 된다. 애초부터 출발선은 달랐다.

아이들은 어려서부터 물질 만능주의로 돌아가는 교육 시스템을 몸소 체험하다 보니 부자가 되는 것이 곧 성공이고, 부자가 돼야 행복하다고 생각할 수밖에 없게 됐다. 한국 청소년의 행복지수는 경제협력개발기구(OECD) 22개 회원국 중 20위로 최하위 수준이다(연세대 사회발전연구소가 유니세프의 어린이·청소년 행복지수를 활용해 전국 초·중·고교생 7343명을 대상으로 조사해 2017년 5월 발표).

꿈꿀 기회를 빼앗긴 아이들

쌍둥이 딸들의 돌잔치가 생각난다. 돌잡이를 앞두고 친지 분들이 오만 원짜리, 만 원짜리 지폐를 돌잡이 상에 올려놓으셨다. 돌잔치 사회자는 "과연 쌍둥이가 지폐를 잡을 것인가, 다른 것을 잡을 것인가 궁금하네요"라며 한껏 흥을 돋웠다. 이것저것 꼬무락대던 시울이는 판사봉, 졸려서 찡얼대던 초울이는 붓을 집었다. 사회자는 "아쉽게도 붓을 잡았네요"라고 했다. 난 하나도 아쉽지 않았다. 평소 돌잔치를 가보면 태어난 지 1년밖에 되지 않은 아기에게 돈을 잡으라며 눈앞에 갖다 대는 것이 영 맘에 안 들던 터였다. 돈에 병균이 얼마나 많은데……

여덟 살이 된 두 딸은 장래희망이 수시로 바뀐다. 어느 날 둘이 동시에 작가가 되고 싶다고 했다. 초울이가 이야기를 쓰고, 시울이는 이야기 옆에 그림을 그리겠단다. 그러다 시울이는 디자이너, 애니메이터, 선생님으로 바뀌고 초울이는 발명가, 팝스타 급기야 호텔 오너까지 넘나들었다. 돌이켜보면 어릴 땐 나도, 어른이 되면 하고 싶은 것이 수십 개쯤 됐던 것 같다. 그런데 청소년기 언제부터인가 꿈을 꾸지 않기 시작했다.

'어른이 되면 무엇을 해서 돈을 벌고 싶은가요?'란 질문을 설문지에 넣어봤다. 한국 아이나 외국 아이나 '직업을 구해서 돈을 벌겠다'는 대답이 가장 많았다. 그런데 구체적인 직업이 무엇인지 적어 넣은 것에서 차이를 보였다. 한국 아이들은 조사 대상 30명 중 8명, 26퍼센트만 구체적으로 하고 싶은 일을 적었다. 외국 아이들은 24명 중 12명, 50퍼센트가 구체적으로 직업을 명시했다.

외국 아이들의 장래희망 리스트를 한번 살펴보자. 테니스 선수, 인베스트 뱅커(투자은행 전문가), 모델, 과학자, 페이스트리(pastry) 셰프, 배우, 의사, 부동산중개인, 정치인 등 12개의 다양한 꿈이 나왔다. 이번엔 구체적인 직업을 적은 8명의 한국 아이들이다. 일본어 강사, 약사, 판사, 교사, 사업가, 연구원, 퍼퓸플레이어(포털사이트에 검색해봐도 무엇인지 찾을 수 없었다. 향수를 만드는

오로지 '대학'이라는
획일화된 목표 하나만 보고 달리도록
아이들에게 눈가리개를 씌운 결과,

아이들은 어떤 꿈도 꾸지 않게 되었다.

전문가가 아닐까 조심스럽게 추측해 본다) 그리고 '대기업 입사'라고 써넣은 것까지 구체적인 직업을 명시한 학생으로 분류했다. 나머지 대답은 이렇다. 직장, 회사원, 안정적 직업, 못 정했다, 모르겠다, 내 직업+로또……

어른이 되어 무엇을 할지 모르겠다고 대답한 아이들은 오늘도 공부하고 있다. 학교를 가고, 학원을 가고, 숙제를 하고, 문제집을 풀고, 시험을 준비한다. 왜 아이들은 잠도 실컷 못 자고, 친구들과 재밌게 놀지도 못하고 공부를 하는가? 길게는 12년, 짧게는 4년 후에 사회에 진출할 아이들이 목적 없이 공부만 하고 있다. 꿈을 꾸지 않고 공부만 하고 있다.

그렇다면 꿈을 가지고 사는 아이와 꿈을 아직 찾지 못한 아이는 어떤 차이점이 있을까? 이번 설문에서 상당히 흥미로운 점을 찾았다. 한국 아이든 외국 아이든 구체적인 직업 목표를 가지고 있는 아이들은 대체로 돈을 벌어볼 생각을 했거나, 돈을 벌어본 경험이 있으며, 돈에 대한 자신의 가치관을 비교적 상세하게 표현했다는 사실이다. 돈에 대한 관심이 아이들에게 꿈을 갖게 하는 동력이 될 수 있다는 것을 보여준다.

이해를 돕기 위해 덧붙이자면 설문의 질문은 모두 주관식이었다. 안타깝게도 외국 아이들과 비교하면 한국 아이들은 답변이 매우 짧은 편이었다. 그래도 내가 감동할 만큼 상세하게 답변을

돈에 대한 관심은
아이가 미래를 그리는 동력으로
작용한다.

적어놓은 아이들이 있었다. 그 아이들은 장래희망도 구체적으로 명시한 경우가 많았다.

먼저 사업가의 꿈을 가진 15세 한국 아이의 설문을 자세히 살펴보자. 이 아이는 설거지나 집안일로 용돈을 벌어봤다고 대답했으며 학비나 생활비 등 자신에게 필요한 돈을 부모에게만 의지하지 않고 스스로 벌어볼 생각을 한 적이 있다고 답했다. 이 아이는 '부자와 성공은 같은 것이 아니다, 성공은 꿈을 이룬 것이다'라면서, 자기 생각을 다른 아이에 비해 상대적으로 명료하게 밝혔다. 10억 원을 받고 감옥에 가겠느냐는 질문에는 'X'라고 표기했다.

약사가 되겠다는 16세 아이도 경제관이 뚜렷했다. 이 아이는 중고물건을 팔아 돈을 벌어본 적이 있으며, 심부름하고 용돈을 받는다고 했다. 결혼자금은 물론 대학등록금도 부모님에게 전적으로 의지하지 않겠다고 적었다. 물론 10억 원을 줘도 감옥에는 안 간다고 답했다. '부자가 성공한 것이 아니라 세상의 평가나 다른 사람의 시선을 이겨내는 것이 성공이다'라며, 마흔 먹은 나도 생각하지 못했던 명언을 적어놓기도 했다.

외국 아이의 사례도 살펴보자. 어른이 되어 모델이 되고 싶다는 13세 미국 아이는 이미 모델 일을 하면서 돈을 벌고 있다. 지금까지 3만 5000달러(4000만 원가량)를 벌었다고 했다. 많이도 벌었다! 자신은 부모 도움 없이 대학 등록금을 스스로 마련할 계획이며, 스물두 살 정도에 재정적으로 독립하는 것이 목표라고 밝혔다. 부자가 되는 것이 성공한 것이라고 생각하느냐는 질문에 대한 답변은 기가 막힌다. "부모로부터 재산을 물려받아 태어날 때부터 부자라면 성공한 것이 아니다. 본인 스스로 열심히 일해서 부를 만들어야만 성공이라 말할 수 있으며 축하받을 자격이 있다."

경제관은 인생관의 한 부분이다. 내 인생을 어떻게 설계해야 하는지, 내가 하고 싶은 일이 무엇인지, 하고 싶은 일을 하기 위해서는 무엇이 필요한지 인지하는 것이 바로 경제관념을 세우는 주춧돌이 된다. 용돈을 주더라도 왜 주는지, 돈을 벌더라도 왜 버는지, 공부하더라도 왜 하는지 행위에 대한 목적을 아이에게 인지시킬 필요가 있다. 목적의식을 가져야 꿈을 꿀 수 있고 꿈에 다가갈 수 있다.

바늘구멍만 한 길로
아이를 몰아붙이는 부모들

참 희한하다. 설문 답변이 짧은 것은 한국 아이들만이 아니었다. 한국 부모들의 설문 답변도 대부분 짧았다. 반면 해외 설문지의 답변은 대체로 길었다. 아이들뿐 아니라 부모도 그랬다. 문장이 길고 짧은 것이 옳고 그름을 뜻하는 것은 아니다. 다만 답변이 길면 응답자의 생각을 좀 더 알 수 있다는 뜻이다. 그러다 보니 답변이 긴 응답자들은 상대적으로 경제관이 뚜렷하고 평소 돈의 가치에 대해 많은 생각을 하는 것으로 느껴진다. 자, 여러분도 직접 느껴보시라.

'당신의 자녀가 성인이 되기 전 아르바이트하는 것을 허락하

14. 당신은 자녀가 성인이 되기 전(초중고 시절)에 아르바이트하는 것을 허락하겠습니까? 아니오

이유는 무엇입니까? 공부하라고

15. 당신은 자녀가 성인이 되기 전(초중고 시절) 창업하는 것을 허락하겠습니까? 아니오

이유는 무엇입니까? 공부하라고

---

14. Will you allow your child to work part-time before becoming an adult? Yes. They already have part-time jobs.

What's the reason? They enjoy the experience of working and being paid on a regular basis; it does help them become aware of saving money and the cost of basic items they want to buy, from snacks to electronics to books.

15. Will you allow your child to start his or her own business before becoming an adult? Sure!

What's the reason? If they have the initiative and motivation to do that, we would support their entrepreneurial efforts.

겠습니까?', '당신의 자녀가 성인이 되기 전 창업하는 것을 허락하겠습니까?'라는 두 가지 질문에 서울에 거주하는 부모와 뉴욕에 거주하는 부모가 어떻게 답했는지 서로 비교해보자.

서울의 부모는 자녀의 아르바이트와 창업 모두 반대한다고 답했다. 반대 이유는 '공부하라고'였다. 다른 설명은 없다. 반면 뉴욕 부모는 아르바이트와 창업 모두 찬성했다. 이유를 살펴보자. '자녀가 이미 아르바이트를 하고 있으며 일을 하고 정기적으로 돈을 버는 경험을 즐기고 있다'고 한다. '그 경험은 아이들이 필요한 물품을 사는 비용뿐 아니라 돈을 절약하게 하는 방법을 알

한국사회에서 교육의 사회이동 통로 기능은 급격히 약화하고 있지만, 부모들은 여전히 그 좁은 틈을 비집고 들어가는 것이 최선이라 여긴다. 그래서 아이에게 '공부' 외에는 아무것도 허락하지 않는다.

전 세계 억만장자의 30퍼센트.
노벨 경제학상 수상자의 40퍼센트.
세계 인구의 0.2퍼센트에 불과한 유대인이
세계 경제를 장악하고 있다.

유대인은 자녀에게
매일 돈을 가르친다.

게 한다는 점에서 긍정적'이라고 평가했다. 자녀의 창업 역시 찬성하면서 '아이들이 창업에 주도권을 갖고 (스스로) 동기부여를 잘하면 기업가가 되기 위해 노력하는 것을 얼마든지 지지하겠다'고 했다.

어느 부모가 자녀를 이해하기 위해 더 노력하는 것처럼 느껴지는가? 어느 부모가 자녀를 더 행복하게 키우고 있는 것처럼 느껴지는가? 반면 어느 부모가 자녀에게 더 강압적인 것으로 느껴지는가?

아르바이트와 창업을 허락하고 안 하고의 차이를 얘기하고 싶은 것이 아니다. 아이의 생각을 존중하느냐 안 하느냐의 문제다. 부모가 아이와 다른 생각을 할 수는 있다. 하지만 부모가 어떤 지침을 줄 때는 지침에 대한 이유를 충분히 설명해야 한다는 것을 우리는 이미 알고 있다. 그래야 아이가 부모의 말을 수긍할 수 있고 삶의 목적의식을 세우는 데 도움이 된다. 새로운 것을 체험하고 도전하고 싶은 아이에게 무조건 "공부해야지, 안 돼!"라고만 한다면 과연 아이는 부모의 바람대로 열심히 공부만 하게 될까?

한국 부모들의 경제관념을 폄훼하고 싶은 마음은 추호도 없다. 나도 한국인이다. 아마도 응답자 대다수가 설문지를 작성하는 순간 갑자기 상사에게 전화가 걸려와 질문에 대해 깊이 생각하기 어려웠던가, 아니면 가스 불 위에서 찌개가 끓고 있어서 길게 답변할 여유가 없었던 것이 분명하다.

설문지 응답자에게 등수를 매긴다면 1등은 단연 유대인이다. 문장 길이만 얘기하는 것은 아니다. 그들은 돈과 삶에 대한 주관이 매우 뚜렷했다. 설문지를 받자마자 '응답자가 유대인 아니야?'라는 생각이 들면 그 응답자는 유대인이 맞을 정도로 유대인의 돈에 대한 생각은 뭐랄까, 특별하게 그리고 독보적으로 진취적이었다.

설문 대상에 유대인 부모는 모두 네 명 있었는데, 그들 모두 공통된 특징이 있었다. 자녀에게 매일 돈의 가치에 관해 얘기한다는 점이다. 그들은 자녀에게 '자신이 원하는 것을 하고 남을 돕기 위해서는 돈이 필요하다'고 가르친다고 적었다. 자녀가 어릴 때 실패를 경험하는 것을 긍정적으로 생각한다는 점도 유대인의 특징이다. 일찍부터 파트타임잡이나 창업 등 실제 경제 활동을 하며 다른 사람과 갈등을 겪고 실패하는 것을 부모들이 적극 지지한다. 그래야 어른이 되기 전에 위험을 관리하는 법을 스스로 체득할 수 있다는 것이다.

유대인의 설문 응답지는 밑줄을 쭉 그으며 읽을 정도로 인상

유대인은 열세 살(여성 열두 살) 생일에 성인식을 치른다. 성인식에 초대된 친지들이 건네는 축의금 은 온전히 아이 몫이다. 아이는 이 돈을 자신 명의의 통장에 넣어 놓고 주식, 채권 등에 투자한다. 유 대인 가족은 매일 저녁 식탁에 둘러앉아 경제 이슈, 투자 방향 등을 이야기한다.

깊은 대답이 많았다.

"나는 아이들에게 매일 돈과 노동에 대해 말한다. 네가 당연하 다고 여기는 모든 물질적 풍요는 당연한 것이 아니다. 누군가는 그것을 위해 땀을 흘려 일했다. 네가 먹고 쓰고 노는 모든 것은 누군가의 노력 덕분이다. 너도 가족과 이웃을 위해 열심히 돈을 벌고 나누는 당당한 시민이 되기를 바란다."

미래의 캥거루족을 만드는 주문,
"넌 그냥 공부만 해"

한국 부모들이 자녀의 경제적 자율성과 독립성에 대해 상대적으로 폐쇄적인 성향을 가진 것은 부인할 수 없는 사실이다. 아이들의 경제 활동에 대한 부모들의 인식이 어떤지 살펴보자.

한국 부모들은 미성년자인 자녀의 아르바이트에 대해 대부분 반대했다. 찬성한 한국 부모는 조사 대상 35명 중 12명, 34퍼센트에 그쳤다. 반면 외국 부모는 거의 모두 찬성한다고 답했다. 조사 대상 32명 중 단 2명을 제외한 30명이 찬성했다. 94퍼센트의 찬성률이다.

성인이 되기 전 자녀가 창업하는 것에 대해서도 한국 부모의 찬성률은 외국 부모의 절반 수준에 그쳤다. 찬성 의견은 한국 부모가 43퍼센트인데, 외국 부모는 84퍼센트에 달한다.

한국 부모들은 왜 자녀의 경제 활동을 반대할까? '자녀가 공부에 전념하기 위해서'라는 이유가 가장 많았다. 교육 때문에 안 된다는 것이다. 그렇다면 외국 부모들은 왜 자녀의 경제 활동을 반대하지 않고 오히려 적극적으로 찬성할까? '경제적 독립을 준비하기 위한 경험을 쌓기 위해', '재정적인 책임감을 배우게 하려고', '노동으로 번 돈의 가치를 가르치기 위해', '기업가 정신을

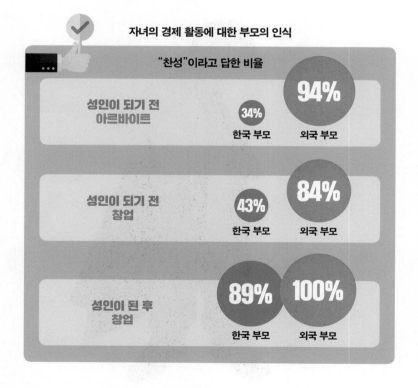

자녀의 경제 활동에 대한 부모의 인식

"찬성"이라고 답한 비율

성인이 되기 전 아르바이트	34% 한국 부모	94% 외국 부모
성인이 되기 전 창업	43% 한국 부모	84% 외국 부모
성인이 된 후 창업	89% 한국 부모	100% 외국 부모

'돈'을 배운 적 없는 아이가,
사회생활을 하면 경제관념이 저절로 생길까?
금융감독원의 조사*에 따르면

18~29세
청년들의 금융이해력은
서서히 은퇴를 준비하는
50대보다도 낮다.

* 금융감독원과 한국은행이 실시한 <2018 전국민 금융이해력 조사>

경험시키고 싶어서' '실패에 대응하는 법을 배우게 하려고'…….
이 역시 교육을 위해서다.

한국 부모는 교육을 위해 자녀의 경제 활동을 반대했고, 외국 부모는 교육을 위해 자녀의 경제 활동을 지지했다. 자, 상식적으로 생각해보자. 자녀의 교육을 목표로 한다면 당연히 다양한 경험을 쌓게 하는 것이 바람직하다. 경제 활동도 마찬가지다. 경험이 뒷받침될 때 교육이 되는 것이지, 책상 앞에만 앉아있다고 교육이 되지 않는다.

그런데도 왜 한국 부모들은 아이들을 책상 앞에만 앉아있게 하는 것일까? 단지 부모만 탓할 것은 아니다. 현재의 교육 시스템과 사회 인식이 획기적으로 변하지 않는다면 이 상황도 변하지 않는다. 오로지 성적순으로 사람을 평가하는, 획일적이고도 유치한 이 시스템 말이다.

한국 아이들은 초등학교, 중학교, 고등학교 그리고 대학까지 16년 동안 성적으로 평가당한다. 학생부와 자기소개서를 평가 기준으로 삼는 학생부종합전형이 확대되기는 했지만, 교과 시험 한두 문제로 대학 등락이 좌지우지되는 상황은 바뀌지 않았다. 공부를 잘하는 아이가 착한 아이고 효자고 효녀다.

미국 역시 학구열이 높은 지역은 한국 못지않다. 그렇지만 모든 아이들이 성적과 대학을 위해 온종일 책상에 앉아있지는 않는다. 학생 평가 방식과 대학 입학 방법은 더 다양하다. 성적뿐 아니라 특별활동(Extra-curriculum)과 에세이가 대학 입학에서 상당히 큰 비중을 차지한다. 아이가 어떤 경험을 해왔고 어떤 개성과 잠재력을 가졌는지 가늠해보기 위해서다. 그래서 아이들이 다양한 체험을 하는 것이 오히려 입시에 도움이 될 수 있다. 한국처럼 입시정책이 오락가락 바뀌는 게 아니라 오랫동안 일관성 있는 정책이 유지되면서, 미국 아이들은 자기 주도적으로 중장기 목표를 세우기 더 수월한 환경에 놓여있다.

미국 워싱턴D.C에 있는 지인의 집에 초대받은 적이 있다. 지인을 정확히 표현하면 우리 엄마 친구의 따님이다. 그냥 편하게 '언니'라고 표현하겠다. 언니는 한국인이지만 미국에서 일을 하고 아이를 키웠다. 영어와 미국 문화가 더 편한 이른바 '코메리칸'이다. 고등학교 3학년 딸이 있는데 동부에서도 손꼽히는 명문대인 조지타운대학교 정치학과에 입학하는 것이 목표라고 한다.

그런데 이 아이의 여름방학은 여느 한국 고3 학생의 여름방학과 달랐다. 국회에서 일하고 싶어 스스로 의원실 등에 메일을 보냈고, 결국 방학 동안 인턴으로 일하고 있다는 것이다. '1분 1초도 아까운 고3이 인턴을?' 내가 내심 놀랐다는 걸 눈치챘는지, 언니는 딸이 국회에서 일하고 돌아온 뒤에는 새벽 2시까지 공부를 한다고 부연했다.

"미국도 한국과 마찬가지로 좋은 대학에 들어가려면 엄청나게 열심히 노력해야 해. 하지만 한국과 미국이 결정적으로 다른 점이 있어. 아이가 하고 싶은 일, 가고 싶은 대학을 스스로 찾는다는 거야. 그러다 보니까 자기 스스로 열심히 노력해."

도대체 아이의 자발성은 어디서 비롯되는 것일까? 되돌아보면 내가 십 대 때 공부를 자발적으로 한 적은, 고백하건대 한 번도 없었던 것 같다. 엄마가 "공부해라, 공부해라"라고 하시면 왜

부모의 간섭과 통제 속에서 자란 아이는 나이들면서 감정과 충동을 통제하는 능력이 떨어진다.

이리 공부가 하기 싫던지, 왠지 더 딴짓하고 싶었더랬다. 언니는 "아이의 독립성을 존중해주는 미국의 교육 문화가 이렇게 다른 결과를 만들어내는 것 같다"고 말했다.

아이는 내 분신같이 소중한 존재이지만 사실 내 분신이 아니다. 아이는 나와 다르다. 아이의 자아는 6세 이전에 이미 70퍼센트가 완성된다고 한다(『신의진의 아이심리백과』, 신의진). 부모 교육서의 고전으로 불리는『부모와 아이 사이』의 저자 하임 G.기너트(Haim G. Ginott) 박사는 아이를 독립적인 인격체로 인정하고, 아이의 생각에 공감하라고 했다. 부모가 아이에게 집착해 심하게 간섭하고 통제하면 아이가 자아를 형성하고 원활한 대인관계를 형성하는 데 부정적인 영향을 준다고 했다.

당신은 자녀를 독립적 인격체로 대우해주고 있는가? 혹시 당신이 짜준 시간표대로 아이를 살게 하면서 자존감을 짓누르고 있지 않은가?

이번 설문조사에서 자녀 교육비가 월 소득에서 차지하는 비중을 물었더니 한국 부모는 평균 29퍼센트로 외국 부모 평균 11.5퍼센트보다 두 배 이상 많았다. 응답자 중 자녀 교육비 비중 최고치는 무려 60퍼센트였다. 월 소득 60퍼센트를 교육비로 쏟아붓는 부모는 물론 한국인이다. 반면 월 소득에서 노후 준비 자금이 차지하는 비중은 한국 부모는 평균 21퍼센트, 외국 부모 평균 32퍼센트로 외국 부모가 10퍼센트포인트 정도 높았다.

자신들의 노후 준비도 제대로 하지 못한 채 아이 교육비로 월 소득의 3분의 1을 쏟아 붓는 한국 부모들. 우리 스스로 이제 좀 시각을 바꿔보면 안 될까? 이제 시스템 탓은 그만하자. 아이를 학원에만 맡기지 말자. 아이를 책상 앞에만 앉혀놓지 말자. 아이가 정말 무엇을 원하는지 귀를 기울이고 독립적인 인격체로 존중해주자. 아이의 인격과 능력을 믿어주는 것은 부모가 할 수 있는 최고의 교육일지도 모른다.

월 소득에서 자녀 교육비가 차지하는 비중

| 한국 부모 | **29%** |
| 외국 부모 | **11.5%** |

월 소득에서 노후 준비 자금이 차지하는 비중

| 한국 부모 | **21%** |
| 외국 부모 | **32%** |

한국 부모들은 자신들의 노후 준비도 제대로 하지 못한 채 아이 교육비로 월 소득의 3분의 1을 쏟아 붓고 있다. 과도한 사교육비 지출은 부메랑이 되어 부모 세대의 노후를 어둡게 만든다.

빈 병 주워 팔던 소년이
'학벌사회'를 향해 던진 돌멩이

●

백종원

여의도 한국거래소 뒷골목을 따라 KBS 별관까지 내려오는 길에
종종 새마을운동 노래가 크게 울려 퍼지곤 했다. "새벽종이 울렸
네. 새 아침이 밝았네. 너도나도 일어나 새마을을 가꾸세." 노랫
소리의 근원은 다름 아닌 백종원 더본코리아 대표의 프랜차이즈
음식점 '새마을식당'이었다. 여의도 증권가에는 좀처럼 어울리지
않는 간판이지만, 오히려 그 엉뚱함이 호기심을 자극해 들어가
봤다. 직장인들이 불맛이 입혀진 매콤한 맛의 고기와 걸쭉한 김
치찌개에 소주 한 병 나누어 마시며 밥벌이의 고단함을 다독이
기 좋은 그런 식당이었다. 박정희 정권 시절을 떠올리게 한다는
논란이 일면서 지금은 새마을운동 노래를 틀진 않지만, 10여 년

전 그 식당에서 김치찌개를 먹을 때만 해도 백종원이 이렇게까지 거물이 될지 몰랐다.

백종원은 한신포차, 새마을식당, 홍콩반점 등 프랜차이즈 브랜드 20여 개를 거느리고 있는 더본코리아 최대 주주다(백종원 지분 76.7퍼센트). 더본코리아는 2017년 기준으로 1740억 원의 매출을 기록한 국내 1위 프랜차이즈 기업이다. 그는 출연하는 프로그램마다 높은 시청률을 올리는 인기 방송인이며, 200만 구독자를 거느린 인기 유튜버이며, 정치권의 '러브콜'까지 받고 있는 요즘 말로 '대세남'이다.

지금의 백종원을 만든 것은 바로 백종원 자신이었다. 그는 조부 때부터 사학재단을 운영한 교육가 집안의 종손으로 태어나, 연세대학교 사회복지학과를 졸업했다. 그러나 스스로 자신의 '스펙'이 외식업을 하는 데 도움이 되지 않았다고 이야기한다. 『백종원의 장사 이야기』에는 이런 내용이 나온다. "나는 남들이 보기에 나쁘지 않은 학벌을 가졌지만, 이 학벌이 외식업을 하는 데 도움을 준 것은 하나도 없었다. …… 현재의 나에게 '학교에 갈래, 취업할래?' 하고 묻는다면 굳이 학교를 택하지는 않았을 것 같다." 아들이 교육자가 돼 학교를 더 키우길 바랐던 그의 아버지는, 외식업에 뛰어든 아들에게 어떠한 지원도 해주지 않았다고 한다.

백종원은 스스로 어릴 때부터 장사꾼 기질을 키워왔다. 그는 초등학교 4학년 때 소풍날 학교에서 손수레를 빌려다가 친구들이 장기자랑과 보물찾기하며 즐겁게 노는 동안 빈 병을 모았다. 당시는 소풍 가는 아이 손에 으레 엄마표 김밥과 유리병에 든 탄산음료 한 병이 들려있던 시절이었다. 백종원은 손수레 여섯 대 분량 정도의 빈 병을 모아 고물상에 팔았다.

11살 꼬마가 소풍날 유희를 뒤로하고 손수레에 빈 병을 가득 싣고 다니는 모습은 그때나 지금이나 생경한 풍경이다. 그 나잇대가 친구들과 한참 뛰어놀기 좋아하고 사춘기에 접어들기 시작하는 시기라는 걸 감안하면, 분명 어린 백종원은 또래와 한참 다른 아이였을 것이다. 정작 백종원은 어린 나이에 자신의 구상대로 돈을 번 게 무척 뿌듯했다고 한다. "그런 생각을 했다는 게 나 스스로 되게 기분 좋았어요."

고등학교 졸업 직전에는 장한평 중고시장에서 사회생활을 시작했다. 처음에는 딜러에게 손님을 모시고 오는 호객 아르바이트를 했지만, 곧 소득이 훨씬 높은 딜러 자리에 도전했다. 고등학생이 어떻게 차를 팔겠느냐는 우려를 단숨에 엎고 백종원은 40분 만에 차를 파는 데 성공했다. 그는 고객의 마음을 읽는 데 탁월한 재능이 있었다.

"차를 사러 온 사람이 으스대고 싶어 차를 사려는지, 아니면

업무용 차량이 필요한지 잘 파악하는 편이었어요. 손님의 말투부터 걸음걸이 등 여러 가지를 보면서 그걸 알아챘어요."

초짜 딜러가 며칠 만에 차 여섯 대를 팔고 자신감이 붙었을 때즘 사고 경력을 숨긴 차를 사 갔던 고객이 그를 탓하며 뺨을 후려치는 사건이 발생했다. 그는 영업이 만만치 않다는 사실을 절실히 깨닫게 된 계기가 됐다고 소회를 밝혔다.

외식업과의 인연은 대학교 1학년 때 압구정동 호프집에서 아르바이트하며 시작됐다. 여기서도 시키는 것만 하는 아르바이트생은 아니었다. 호프집 주인에게 치킨 배달이나 포장을 해보자고 설득했다. 치킨 배달이 지금처럼 보편화되지 않던 시절에 아르바이트생의 아이디어는 예상을 뛰어넘는 대박을 쳤다. 그리고 백종원은 외식업의 거물이 되기 위한 첫걸음을, 바로 이 호프집에서 열게 된다. 호프집 주인이 몸이 힘들다며, 아르바이트생이었던 백종원에게 가게를 넘긴 것이다. 호프집을 인수한 백종원은 남다른 사업 수완으로 대학 3학년 때까지 가게 3개를 인수해, 15억 원의 자산을 가졌었다고 한다.

백종원이라고 실패를 하지 않았던 것은 아니다. 목조 주택사업을 했다가 외환위기 시절 10억 원이 넘는 빚만 남기고 사업을 접어야 했다. 그를 일으켜 세운 것은 채권자들과의 약속이었다.

적은 자본으로 시작할 수 있고, 자신이 좋아하는 '먹는 일'로 사업 방향을 틀었다. 빚을 갚아야 하는 백종원은 사업에 전력투구해 한신포차, 해물떡찜, 새마을식당, 빽다방, 홍콩반점 등을 성공적으로 런칭했다. 백종원은 "외환위기 때 한 번 망하지 않았다면 지금의 나는 없었을 것이다"고 말한다.

그를 지근거리에서 봐 왔던 방송가 지인은 '훈련된 경제 감각'이 바로 백종원의 성공 비결이라고 촌평했다. 훈련과 시행착오를 통해 대중이 좋아하는 것, 대중이 원하는 것을 터득하는 촉을 발

연간 1740억 원대 매출을 올리는 더본코리아의 시작은 호프집이었다. 백종원은 진로를 고민하는 청년들에게 이렇게 조언한다. "요즘 일자리가 없다고 하는데, 자신이 좋아하는 일이 무엇인지 확실히 알고 있다면 의외로 길이 여러 개 있다는 걸 알게 될 거예요."

달시켜 왔다는 것이다. 몇십 원을 벌기 위해 빈 병을 줍고, 고객의 말투와 몸짓을 통해 그들이 원하는 바를 파악하고, 차를 잘 못 팔았다가 따귀를 맞고, 채권자들에게 쫓겨 봤던 그 경험들이 쌓이고 쌓여 대중이 열광하는 콘텐츠를 만드는 그만의 힘을 갖게 됐다. 백종원이 다른 아이들과 같이 학교와 학원만 오가는 평범한 학창시절을 보냈다면 결코 이루지 못했을 결과다.

백종원은 연세대학교 소식지 「연세소식」과의 인터뷰에서 '성공한 삶'에 관해 이렇게 얘기했다.

"욕먹을 수 있는 이야기 같지만 취직하는 게 중요하다고 생각하지 않아요. 결국은 시야가 좁은 거예요. 성공한 삶이 무엇일까요? 대학교를 졸업한 뒤 얼마나 많은 돈을 벌까, 얼마나 많은 복지 혜택을 받을까가 성공의 척도가 됐잖아요. 주변에서 고시든, 대기업이든 목표를 이루고 후회하는 경우를 많이 봤어요. 저는 자기가 좋아하는 일을 할 때의 행복감을 나누고 싶어요. 지금이라도 좋아하는 일을 해야 해요. 목표 때문에 창업하지 말고, 좋아하는 일을 하다 보니 창업하는 길을 갔으면 좋겠어요."

눈가리개를 씌운 경주마는 앞을 향해 전속력으로 달리는 것 말고는 다른 길은 알지 못한다. 오로지 '대학'이라는 획일화된 목표 하나만 보고 달리도록 아이들에게 눈가리개를 씌우는 부모들에게, 백종원의 성공은 물음표를 던진다. '정말 그 길이 최선입니까?'

_____ **Chapter 3** _____

국영수보다
돈공부

자본주의 생존교육,
돈공부

미국에 머물 때 일어난 일이다. 딸아이 학교에 자원봉사를 갔다
가 학부모들과 얘기를 나눴다. 그때 한 아이가 학교에서 1달러에
파는 젤리를 사 먹으며 걸어오고 있었다. 그 장면을 그냥 지나칠
부모들이 아니었다. 부모들은 돌아가며 한마디씩 했다. 처음에는
학교에서 간식거리를 팔아도 되느냐가 주제였다. '학교에서 아이
스크림, 젤리같이 설탕이 잔뜩 들어간 간식거리를 팔면 안 된다',
'아니다, 애들이 학교에서 간식을 사 먹을 수 있는 선택의 기회를
막아서는 안 된다'. 이렇게 의견이 갈렸다. 그다음에는 스낵머니
(간식을 사먹기 위한 용돈)를 주어야 하느냐 말아야 하느냐로 관심
사가 바뀌더니 급기야 아이들에게 어릴 때부터 용돈을 주고 돈

관리 방법을 가르쳐야 하느냐는 주제로 논쟁이 커졌다.

무슨 TV 토론회도 아니고 학부모 회의도 아닌데 부모들은 세상 진지하게 자신의 주장을 펼쳤다. 운동장에 서 있어서 다리가 좀 아팠지만 흥미로운 광경이었다.

한국에서 미국으로 이민 온 엄마가 말했다.

"우리 부모님은 항상 '너는 돈 걱정 하지 말고 공부만 열심히 해'라고 말씀하셨어요. 돈 아껴쓰라는 것 말고는 돈에 대해 따로 교육받은 적은 없었죠. 저도 아직 아들한테 돈 얘기를 한 적은 없어요."

시울이와 같은 반에 있는 유대인 친구 아빠는 그 얘기를 듣고 놀랍다는 표정을 지었다.

"아이들한테 돈 얘기 하는 것을 두려워할 필요 없어요. 돈의 가치에 대해 가르치는 것은 부모가 자녀에게 당연히 해야 할 의무잖아요."

부모가 자녀에게 돈의 가치를 가르치는 것을 '의무'라고 생각하는 이유가 궁금해 나도 끼어들어 물어봤다. 그 아빠의 대답은 명쾌했다.

"어릴 때 수영을 배우는 이유가 무엇이라고 생각해요? 물에 빠졌을 때 살아남으려고 배우는 거잖아요. 아이가 어릴 때 돈에

18년간 미국 연방준비제도(Fed)를 이끌었던
앨런 그린스펀은
돈 관리 방식을 모르는 '금융 문맹'은
생존할 수 없다고 말했다.

"돈 걱정하지 말고,
공부만 열심히 해"

자녀에게 돈 걱정까지 안기고 싶지 않은 부모 마음이
오히려 자녀의 생존력을 떨어트린다.

관해서 가르치는 것도 수영 레슨과 같은 거예요. 생존을 위한 거죠. 인생에 언제 어떻게 위험이 닥칠지 모르잖아요!"

'아! 말로만 듣던 유대인의 경제관념이란 바로 이런 것이구나.' 유대인 아빠의 설명을 듣는 순간 망치로 머리를 맞은 것 같았다. 유대인들은 경제 교육이 생존을 위해 반드시 필요한 것이라고 믿고 있다. 한국에서 경제 교육은 '하면 좋고 안 해도 그만'인 취급을 당하는 신세 아니던가.

유대인들은 자녀가 성인이 되기 전에 경제적 자립심을 가질 수 있도록 어릴 때부터 돈을 스스로 통제하고 관리해야 한다는 점을 철저히 교육한다. 심지어 아직 글자도 읽지 못하는 세 살짜리 아기에게 동전을 쥐여주고 저금통에 넣게 한다. 아들 열세 살, 딸 열두 살에는 성인식을 열어주고 각자의 행동에 책임을 질 나이가 됐음을 선언한다. 성인식 때 일가친척에게 받은 축하금은 자녀와 함께 투자하고 불려서 자녀가 스무 살이 되는 해 독립자금으로 준다. 아이들은 미리 독립을 계획하고 준비한 덕에 자연스럽게 재정적 자립을 받아들인다.

전 세계 인구 중 고작 0.2퍼센트에 불과한 유대인이 세계 100대 기업 40퍼센트를 소유하고 전 세계 억만장자 중 30퍼센트 비율을 차지하게 된 비결은 바로 어릴 때부터 필수적으로 돈을 관리

세 살짜리 아이게 동전을 쥐여주고 저금통에 넣게 할 만큼, 일찍이 경제 교육을 시작하는 유대인들은 자녀에게 돈의 가치를 가르치는 것이 부모의 '의무'라고 말한다.

하는 법을 교육받았기 때문 아닐까?

부모는 신이 아니다. 영원히 살 수 없다. 살면서 어떤 어려움이 찾아올지 모른다. 아이의 인생을 끝까지 책임질 수도 없다. 아이는 언젠가 홀로서기를 해야 한다. 그 시기가 예상보다 일찍 찾아올 수도 있고 갑자기 찾아올 수도 있다. 아이를 사랑한다면 반드시 조기에 경제 교육을 시켜야 하는 이유다.

경제 교과서 펴놓고 돈공부하면
실패하는 이유

우린 그동안 경제 교육을 너무나 등한시해왔다는 사실을 인정하지 않을 수 없다. 가정에서 아이들에게 하는 경제 교육은 용돈 관리나 예금통장 만들기 정도에 그친다. 그것이라도 하면 다행이다. 상당수 부모는 자녀들에게 별도로 경제 교육을 할 엄두를 못낸다.

가정은 차치하더라도 교육의 산실인 학교에서조차 제대로 경제를 가르치지 못하고 있다. 경제는 사회 과목의 한 부분에 불과할 뿐이다. 희소성, 기회비용, 수요공급법칙, 환율, 금리정책 등 경제원론에 나올만한 광범위한 내용을 암기과목 가르치듯 주입시킨다.

돈공부의 부재는
단군 이래
최고의 스펙을 갖췄다는 20대를
돈맹*으로 만들었다.

* 20대 금융이해력 60대(64.2)보다 낮은 62.0점(금융감독원·한국은행, 2016년 전 국민 금융이해력 조사).
* 대출 연체율이 가장 높은 연령대 25~26세 청년층(신용정보원, 생애주기에 따른 금융거래 행태 분석)

2018년부터 고등학교 교육 과정에 '통합사회' 과목이 신설됐지만, 이마저도 경제 분야는 크게 기대할 게 없다. 지리와 일반사회, 윤리, 역사 등 사회 과목을 모두 합친 통합사회에서 경제는 한 단원이 전부라 비중이 미미하다.

교사들의 경제적 소양을 더욱 키워야한다는 지적도 나온다. 학교에서 아이들에게 경제를 가르치는 교사 중 경제학을 전공한 비율은 10퍼센트를 겨우 넘는 수준이다. 지리나 역사 전공자가 경제 수업을 함께 맡는 경우가 태반이다(《나라경제》 2012년 7월호, '현실과 동떨어진 학교 경제 교육…내용 어려워 학생들도 외면').

국책연구기관인 한국개발연구원(KDI)이 국민 1000명을 대상으로 설문조사(《경제 교육 관련 일반 국민 여론조사》, 2015년)를 해봤더니 절반 이상(51.4퍼센트)이 초중고 학교에서 받은 경제 교육에 대해 '실생활에 쓸모가 없다'고 답했다. 실생활에 도움이 된다는 답변은 27퍼센트에 그쳤다.

미국, 영국, 호주 등 선진국은 경제 교육을 국가 전략 과제로 추진할 정도로 중요하게 여긴다. 미국 50개 주 모두가 경제 교육을 정규 교육 과정에 포함시켰고, 경제 중에서도 돈의 흐름과 가치를 알려주는 금융교육도 43개 주가 채택했다. 모든 교사들은 경제학 기초과목 중 하나를 반드시 이수해야 하며 사회 분야 교사는 적어도 두 개, 경제 분야 전담 교사는 최소 여섯 개의 경제 과목을 이수해야 한다. 경제 전공 교사를 찾기 어려운 한국의 실정과는 천양지차다.

선진국의 경제 교육은 실생활과 연계된 체험학습 위주로 진행된다. 경제 교육의 목표는 아이들을 '독립적이고 합리적인 경제인'으로 키우는 것이다. 아이들은 부모에게 의존하지 않고 스스로 돈을 벌고, 쓰고, 나누는 방법을 가정과 학교에서 차근차근 익힌다.

예를 들어 부모가 아이에게 조건 없이 용돈을 주기보다는 아이 스스로 돈을 버는 경험을 하도록 도와주는 것이 보편적이다. 아르바이트는 십 대들의 중요한 일과 중 하나다. 생활 속에서 직접 돈과 노동의 가치를 체험하게 하기 위해서다. 우리가 아이를 학원에 보낼 때 차를 태워 주고 데리러 가듯이, 미국 부모는 아이가 아르바이트를 하러 갈 때 차를 태워 주고 데리러 간다. '가출한 아이들이나 아르바이트하는 것 아니냐?'는 어느 한국 엄마의 설문 답변처럼 생각하는 미국 사람은 아직 한 명도 보지 못했다.

학교 역시 체험 교육 위주다. 미국의 학교 경제 교육을 예로 들면 학교 내 은행 지점에서 학생들이 직접 일을 해본 뒤 학급 친구들에게 돈 관리의 중요성을 강의한다. 여름휴가를 가기 위한 단기 금융프로젝트를 설계하고, 노후를 가정해 유언장과 상속 등

경제 교육에서 이론보다는 실용성을 중요시하는 미국은, 학교에서도 실생활과 밀접한 체험 중심으로 교육한다.

의 법적 서류를 작성해보는 흥미로운 프로그램도 있다. 또 학생들은 기업가 정신을 배우기 위해 자신들의 아이디어로 회사를 차리고 마케팅과 영업뿐만 아니라 회계 장부 쓰기, 재고 처리 등을 직접 체험한다. 저소득층 청소년들에게는 더욱 강화된 경제 교육을 한다. 신용관리, 생애 재무관리, 직업 체험 등의 교육을 통해 가난이 대물림되는 것을 막기 위해서다.

이제 우리도 경제 교육의 패러다임을 바꿔야 한다. 학교에서는 경제를 단순 지식 위주로 가르치고 가정에서는 시험에 나오지 않는다는 이유로 경제 교육을 외면했다. 지금까지 우리 아이들이 받았던 암기식, 백화점식, 주입식 경제 교육은 쓸모가 없다. 아이들이 현실 세상을 체험하고 스스로 꿈을 찾아 나서는 것을 돕는 방향으로 경제 교육이 진행되어야 한다.

성인이 되어 냉혹한 자본주의의 현실을 무방비로 마주해야 하는 아이들에게 경제 교육은 선택이 아닌 필수다. 아이들에게 "돈 신경 쓰지 말고 공부나 해라"라고 말할 것이 아니라, "돈을 지혜롭게 벌고, 쓰고, 관리하는 공부를 하자"고 말해야 할 때다.

경제적 만족 지연 훈련으로
학업성취도 올리기

세계적인 베스트셀러 『마시멜로 이야기』는 아동심리와 관련한 유명한 실험을 근거로 쓰였다. 아직 책을 읽지 않았거나, 읽었는데 기억이 가물가물한 분들을 위해 여기서 다시 소개하도록 하겠다.

1970년에 미국 서부 명문대학인 스탠퍼드 대학의 심리학자 월터 미셸(Walter Mischel, 1930~2018년)이 이 대학 부설 유치원에 다니는 네 살 아이들 653명을 대상으로 실험을 했다. 아이들은 각자의 방에서 마시멜로를 하나씩 받는다. 이걸 홀랑 먹어버리면 한 개만 먹을 수 있지만, 15분 동안 먹지 않고 기다리면 마시멜로 한 개를 더 얻을 수 있다는 제안을 받는다. 과연 네 살 아이가

더 좋은 결과를 위해 현재의 충동을 억제하고 바람직한 행동을 하는 능력을 '자기통제력'이라고 한다. 자기통제력은 공부뿐만 아니라 아이의 일생에 큰 영향을 미친다.

말랑말랑하고 달콤한 마시멜로를 손에 쥐고 15분을 참을 수 있을까?

더운 여름 운동 후 입이 바짝 말라 있는데 폭신한 거품이 얹어있는 차가운 맥주를 주면서 마시지 말라면 당신은 참을 수 있겠는가? 고문도 그런 고문이 없을 것이다. 예상대로 방에 홀로 남겨진 아이들 대부분은 참지 못하고 마시멜로를 먹었다. 그중 30퍼센트의 아이들만 끝까지 기다려 마시멜로 두 개를 얻을 수 있었다.

실험은 여기서 끝이 아니다. 14년 후 실험에 참여했던 아이들을 추적해봤더니 놀라운 현상을 관찰할 수 있었다. 마시멜로를 먹지 않고 참았던 아이들이 바로 먹어버린 아이들보다 대학수학능력평가시험(SAT : Scholastic Aptitude Test) 점수가 210점(1600점 만점)이나 높았다. 또 마시멜로를 바로 먹은 아이들 집단은 학교에서 문제를 일으켜 정학 처분을 받은 빈도가 상대적으로 많았고, 약한 아이를 괴롭힌 경우도 많은 것으로 조사됐다.

이 실험을 통해 아동심리학의 '만족 지연 이론'이 만들어졌다. 만족을 지연시키는 것, 즉 충동적인 욕구나 행동을 인내하고 절제하는 것을 어릴 때 훈련하면 지적·정서적으로 더욱 성장할 수 있다는 이론이다. 어떻게 보면 당연한 결과다. 자제력 있는 아이는 당장 나가서 놀고 싶은 욕구를 참고 학교 숙제를 할 것이다. 또 자신에게 시비를 거는 친구를 한 대 때리고 싶은 충동을 꾹 참고 자기 감정을 조절할 수 있을 것이다.

만족 지연 이론은 체험식 경제 교육에 직접 적용된다. 소비 욕구를 절제하는 것, 현재의 만족을 참고 기부와 저축을 하는 것, 부모에게 손 벌리지 않고 스스로 문제 해결을 시도하는 것. 이것이 바로 경제 교육에서 만족 지연 훈련이다.

만족 지연 실험을 한 월터 미셸 박사는 유대인이다. 유대인들은 가정 교육을 통해 끊임없이 만족 지연을 훈련한다. 자녀에게 용돈을 넉넉히 주지 않으며 기부를 생활화한다. 이렇게 자라온 유대인들은 전 세계에서 가장 높은 학업성취도를 인정받고 있다. 미국 아이비리그 학생의 20~30퍼센트, 역대 노벨상 수상자의 22퍼센트(2015년 기준)가 유대인이다. 아동심리 전문가들은 경제 교육을 통해 만족 지연 훈련을 하고 경제관념이 잘 자리 잡은 아이들이 공부도 잘한다고 분석한다.

여덟 살 두 딸은 과연 만족 지연 능력이 있을지 궁금해졌다. 시울이에게는 가장 좋아하는 스트링치즈를, 초울이에게는 가장 좋아하는 헤이즐넛 초콜릿을 하나씩 주고 15분간 참으면 하나를 더 주겠다고 했다. 그랬더니 둘은 아주 바빠졌다. 집중할 다른 것을 찾아야 한다며 동화책을 읽고 산수 문제도 풀었다. 시울이는 스트링치즈가 담긴 접시를 방구석으로 옮겼다가 옷장 위에 올렸다가 했다. 책 읽다 말고 가끔 치즈를 꾹꾹 눌러 보면서 "엄마 치즈가 점점 굳고 있어!"라며 외치기도 했다(굳지도 않았던데……). 초울이는 인상을 팍 쓰고서는 산수 문제에 집중했다. 중간중간 초콜릿 냄새를 깊이 들이마신 것 외에는 아주 잘 참았다. 단지 평소보다 산수 문제 정답을 많이 틀리고 있을 뿐이었다. 둘은 15분

자기통제력은
'성공'에 이르게 하는 가장 강력한 능력으로,
근육처럼 사용할수록 강해진다.

경제적 만족 지연 훈련은
아이의 자기통제력을
강화시킨다.

을 잘 버텼다. 그러나 두 딸이 네 살 때 이 실험을 했다면 어땠을까? 아마 지금처럼 자제하기는 쉽지 않았을 것이다.

친구네 아이들에게도 마시멜로 실험을 하기로 했다. 아홉 살, 열한 살 아이들이다. 둘이 가장 좋아하는 초콜릿을 줬다. 아홉 살짜리는 한 개를 그냥 먹어버리면서 더 먹고 싶으면 나중에 본인이 냉장고에서 찾아서 먹겠다고 했다. 열한 살짜리는 많이 먹으면 살찐다고 더 안 먹겠다고 했다. 정말 똑소리 나는 요즘 아이들이다. 아무래도 만족 지연 실험은 월터 미셸 박사처럼 네 살 이하 아이에게 해야 신빙성 있는 결과를 얻게 될 듯하다.

아이에게 마시멜로 실험을 해 봤더니 15분은커녕 30초도 참지 못하고 마시멜로를 날름 집어 먹었다면……. 낙심할 필요는 없다. 통제력은 태어날 때부터 뇌 속에 탑재된 능력이 아니라, 부단한 연습과 훈련을 통해 자라면서 조금씩 성장하는 후천적인 능력이다. 아이가 달콤한 마시멜로의 유혹을 참지 못한 건 본능에 충실한 당연한 반응이다. 통제력은 욕망에 대한 유혹을 물리치고 멀리하는 반복적인 훈련을 통해 생성되고 강화된다. 아직 아무것도 늦지 않았다.

사교육 한 번 받지 않고
명문대 열 곳에 합격한 비결

2017년 여름 미국 동부지역 한인사회가 발칵 뒤집혔다. 뉴저지의 평범한 공립 고등학교에 다니는 한국 학생이 하버드, 프린스턴, 펜실베이니아, 코넬, 듀크, NYU, 웨스트포인트 등 무려 열 곳의 명문대학에 모조리 합격했기 때문이다. 초등학교 2학년 때 미국으로 온 김승훈 군이 그 주인공이다. 뉴저지 한 카페에서 승훈이 가족을 만났다.

승훈이 부모는 승훈이가 영재는 아니라고 했다. 사교육도 받지 않았다고 했다. 온종일 책상 앞에 앉아 공부만 한 것도 아니라고 했다. 그럼 도대체 무엇이란 말인가? 대한민국 모든 부모가 부러워할 미국 명문대 합격증 열 장을 받은 비결이!

그 비결은 바로 자발성이다. 본인이 가고 싶은 길을 스스로 찾았다는 것, 그것이 바로 승훈이의 학업 열정을 이끌어낸 비결이었다.

승훈이는 고등학교도 대학교도 모두 자신이 선택했다. 미국도 한국과 마찬가지로 특수한 분야의 영재나 성적이 우수한 아이들은 특수목적 고등학교(Magnet School)에 들어가는 경우가 많다. 특목고는 교육 수준이 높고 학업 분위기가 좋다. 특목고 학생들의 SAT 성적은 일반 공립 고등학교 학생들보다 월등히 높다. 승훈이 부모는 성적이 좋았던 승훈이 역시 특목고에 가기를 바랐다. 하지만 승훈이는 집 근처에 있는 일반 공립 고등학교인 릿지필드메모리얼하이스쿨에 가길 고집했다. 이유는 그 학교에 있는 음악밴드에 들어가고 싶어서였다.

어머니 문희진 씨는 아들의 생각을 바꾸기 위해 아들을 한국으로 몇 달 보내기도 했지만, 결국은 아들의 의사를 존중해주기로 했다.

"한국에서 생각을 바꾸고 오길 원했죠. 하지만 승훈이 고집을 꺾을 순 없었어요. 아들과 싸우다가 결국 제가 졌습니다."

승훈이는 릿지필드메모리얼하이스쿨 선생님에게 메일을 보내 부모와의 면담 자리까지 만들면서 부모님 설득에 나섰다. 결국 승훈이는 공부를 열심히 하겠다는 각서를 쓰고, 그토록 원하던 일반 고등학교에 들어갔다. 문 씨는 아들의 선택을 받아들인 후 적극적으로 학교 생활을 응원해줬다.

"저와 남편 모두 학교에 열심히 자원봉사를 다녔어요. 승훈이와 자주 대화하는 시간도 가졌죠. 그래야 승훈이가 어떤 생활을 하는지, 어떤 생각을 하고 있는지 더 잘 알 수 있을 테니까요."

승훈이의 학교 생활은 한국 고등학생들과 많이 달랐다.

"음악이 재밌었어요. 오후 3시 방과 후에는 밴드에서 트럼펫을 불고 지휘를 하고 코러스를 했죠. 후배들에게 음악을 가르쳐주기도 하고요. 공부는 언제 했느냐고요? 수업시간에 집중해서 했습

승훈이는 특별한 사교육 없이 하버드, 프린스턴, 펜실베이니아 등 미국 명문대 열 곳에 합격했다. 그의 어머니는 교내 활동과 아르바이트 등 승훈이가 고교 시절 쌓은 다양한 경험이 많은 명문대로부터 합격증을 받은 비결이라고 설명했다.

니다. 그리고 저녁이 되면 집에서 혼자 숙제와 보충학습을 하고, 모르는 것은 한 시간 일찍 등교해서 선생님께 여쭤봤습니다."

승훈이는 학교 음악밴드의 공연을 위해 유럽에 다녀온 후 새로운 꿈을 꾸게 됐다고 했다.

"여름방학 때 유럽으로 코러스밴드 투어를 갔다 온 뒤 외교관이 돼야겠다는 결심을 하게 됐어요. 해외에 나가보니 세계 각지에서 국가와 국가를 연결하는 일을 하고 싶다는 생각이 들었거든요."

승훈이는 그 꿈을 이루기 위해 열 개의 대학 합격 통지서 중에서 프린스턴을 뽑았다. 어머니는 하버드를, 아버지는 웨스트포인트를 가길 희망했지만, 결정은 아들이 했다.

"하버드는 로스쿨과 경영대학원이 유명한데요. 전 프린스턴에서 정치외교학을 공부하고 싶습니다. 부모님이 다른 부모님처럼 의사나 변호사 되라고 하지 않고 제 뜻을 받아주셔서 정말 감사하게 생각합니다."

승훈이는 주변에 공부 꽤 한다는 한국 학생들이 법조인이나 의사를 준비하다가 적성에 맞지 않아 중도 포기하는 경우를 여러 차례 봤다고 전했다.

사실 승훈이네 가족을 인터뷰한 목적은 사교육 없이 좋은 성적을 거둘 수 있었던 공부 비결을 들어보기 위해서였다. 그런데 이야기를 나누다 보니 승훈이의 독립적인 경제관에 더욱 관심이 갔다. 승훈이는 <u>스스로</u> 용돈을 벌어서 썼다. 혼자 공부하다 보니 학원비 들 일도 없었다. 대학교에서 등록금과 기숙사비, 책값까지 전액 장학금을 받기로 했다. 승훈이 어머니는 "승훈이에게는 돈을 쓸 일이 없다"고 했다.

　승훈이는 이웃집 눈을 치우고, 음식점에서 서빙을 하고, 동네 동생들에게 과외를 해주며 꾸준히 용돈을 벌었다. 주말에는 마트에서 비닐봉지에 고객의 물건을 담아주는 '배기(baggies)' 아르바이트를 했다. 기관이나 단체에서 학생들에게 장학금을 주는 제도를 열심히 찾아보고 신청해, 꽤 많은 장학금을 모아놓기도 했다. 승훈이는 고등학교 졸업 후 대학 진학을 앞둔 지금도 아르바이트를 한다고 했다. 오전에는 변호사 사무실에서 세 시간 동안 아르바이트를 하고 오후에는 과외를 한다. 이 정도 생활력이면 당장 독립해 사회에 나가도 굶을 일은 없을 듯하다.

　승훈이가 이렇게 강하게 자란데는 부모의 적극적인 경제 교육이 뒷받침됐다.

　승훈이 아버지는 이렇게 말했다.

　"너무 곱게만 키우면 자녀를 망칩니다. 승훈이에게 힘들게 일

일찍부터 아르바이트와 창업 등
경제 활동을 하며 다른 사람과 갈등을 겪고
실패한 경험은
삶의 '백신(vaccine)'이다.

해 볼 기회를 만들어 주기 위해서 마트 일도 일부러 해보라 했죠. 부모가 자녀에게 돈을 많이 쓴다고 잘 키우는 것이 아니지 않습니까? 자녀에게 돈을 쓸 것이 아니라 시간을 써야지요."

승훈이가 유럽으로 밴드 공연을 갈 때도 여행 경비를 무조건 대주지 않았다. 여행 경비 6000달러(680만 원) 중 승훈이가 3000달러를 모아야 나머지 3000달러를 지원해 주겠다고 제안했다. 3000달러를 스스로 벌지 않으면 공연을 가지 못할 상황이었다. 마침 학교에서는 밴드 여행 경비를 마련하기 위해 아이들에게 케이크 판매를 시켰다.

판매왕은 승훈이가 차지했다.

"어차피 많은 아이가 한꺼번에 동네 사람들에게 케이크를 팔아야 할 테니 시장이 한정적이잖아요. 그래서 남들보다 일찍 이웃집 문을 두드리고 전화를 돌려서 주문을 받았죠. 케이크 판매 시작 당일 아침에 미리 다 팔았어요. 하하."

영업 실력까지 혀를 내두를 정도다.

학교에서 여러 가지 모금 행사를 할 때 승훈이도 처음에는 쑥스러워 입이 잘 안 떨어졌다고 했다. 부모님으로부터 건네받은 이웃, 친구들 전화번호로 판매를 시작했다. 그렇게 여러 번 시도하다 보니 점차 영업에 자신감이 생겼다고 했다.

승훈이 어머니는 승훈이가 오로지 공부만 했다면 좋은 결과를 얻지 못했을 것이라고 말했다. 승훈이는 250시간 이상 봉사 활동을 해 대통령 봉사상 금메달을 받았다. 교내에서 학생회장도 했다. 음악을 하며 다양한 교내외 활동을 하고 파트타임잡으로 사회생활을 익혔다. 이런 여러 가지 경험들이 승훈이의 리더십과 성실함을 입증해 많은 명문대로부터 합격증을 받을 수 있었다고 설명했다.

승훈이가 음악을 포기하고 특목고에 갔다면, 3000달러를 마련하지 못해 유럽 공연을 가지 않았다면, 승훈이의 모든 선택을

역사적으로 돈은 인간의 삶에서 목적이 아닌 수단이었다. 필요한 물건을 구하고, 가치를 측정하고, 부를 축적하기 위한 수단으로 탄생한 발명품이 '돈'이다. 갓 스무살이 된 승훈이는 돈을 인생의 목표로 인식하는 것을 경계하고 있었다.

부모가 존중하지 않았다면……. 지금 프린스턴대학교에서 외교관을 꿈꾸며 열심히 공부하고 있는 승훈이의 인생은 어쩌면 달라졌을지도 모른다.

"우리는 남에게 얻은 것으로 생계를 꾸려나간다. 그리고 우리는 남에게 베풀면서 인생을 만든다(We make a living by what we get. We make a life by what we give)."

부자가 되면 행복과 성공을 얻을 수 있다고 생각하느냐는 질문에 승훈이는 윈스턴 처칠(Winston Churchill, 1874~1965년)의 명언으로 답했다.

"인생의 목적이 돈 자체에 있는 것은 어리석은 일이에요. 돈 자체보다는 돈을 가지고 무엇을 하며 살지가 중요한 것 아닌가요?"

아직 앳된 승훈이의 웃는 얼굴이 그렇게 대견해 보일 수가 없었다. "승훈이 엄마는 좋으시겠다"며 부러워했더니 "어차피 나중에는 남의 남자 될 텐데요 뭘……" 하고 어머니는 농담을 건넸다. 깔깔 웃으며 인터뷰를 끝내고 집으로 돌아왔다. 30년 뒤 주한미국대사가 된 승훈이를 한국에서 만나는 상상을 하며…….

고등학교 자퇴서를 내민
아들에 대한 믿음,
일본 최고 CEO를 만들다

●

손정의

"손정의 성공의 원동력은 그의 아버지 손삼헌이다."

손정의 소프트뱅크 회장 전기를 집필한 일본 논픽션의 대가 사노 신이치(佐野眞一, 1947년~)의 말이다. 「포브스」 선정 일본 최고 부자(2017년 조사, 개인 재산 23조 원), 일본 직장인들이 뽑은 '최고의 경영인(CEO)' 손정의. 일본에서 일본인들을 모두 제치고 최고의 거부(巨富)가 된 그는 일본으로 귀화한 재일 한국인 3세다. 그의 일본식 이름은 마사요시다. 손정의가 태어나고 자란 일본 사가현 도스시 도스마치는 번지수가 없는 '무번지' 판잣집이었다. 국철 선로 옆 공터에 양철지붕을 올리고 판자를 둘러친 집이었다. 손정의의 아버지 손삼헌은 7남매 장남으로 어릴 때부터 가족의 생계를 책임져왔다. 아버지가 일찍 돌아가신 탓이다. 생선 행상을 하고 돼지를 키우고 집에서 술도 만들어 팔았다. 손삼헌은 근면하고 사업 수완이 뛰어나 파친코와 부동산 사업으로 재산을 모았고 손정의가 십 대가 됐을 때는 가정 형편이 크게 나아졌다.

손정의는 조선인에 대한 차별을 견디며 맨손으로 사업을 키운 아버지의 모습에서 자신감을 배웠다. 글로벌 인수합병(M&A) 전쟁에 승부를 던지는 손정의에게 기자들이 "자신감의 비결이 무엇이냐?"고 묻자, 그는 이렇게 답했다.

'재일동포 3세, 지방 출신, 맨손'이라는 3중 핸디캡을 극복하고 일본 최고의 부자가 된 손정의는 '일본 IT계의 신화'로 통한다.

"아버지는 늘 나에게 칭찬을 아끼지 않았다. 그 덕분에 난 인생을 걸고 열심히 하면 도요타든 마쓰시타든 히사미츠든 반드시 이길 수 있다는 황당한 자신감이 마음속에 자리 잡고 있었다."

손정의 스스로 '황당한 자신감'이라 표현한 그 자신감을 심어주기 위해 아버지 손삼헌은 아들에게 "너는 천재다, 너는 할 수 있다"는 칭찬을 무수히 반복했다고 한다.

손삼헌은 열두 살 아들에게 생업에 대한 자문을 구할 정도로 아들을 믿어줬다. 골목 변두리에서 커피 가게를 운영할 때 커피 공급자가 물건 대기를 꺼리자 어린 손정의는 커피 무료 쿠폰을 뿌리자는 아이디어를 냈다. 아버지는 아들의 아이디어를 실행에 옮겼다. 커피 가게는 공짜 커피를 먹으려는 사람들로 인산인해를 이뤘다. 손님들은 커피를 공짜로 마시는 대신 우동 같은 다른 음식을 먹었다. 커피 가게는 흑자를 냈고 커피 공급자로부터 물건을 받을 수 있었다.

심지어 아버지는 자신이 병으로 쓰러져 입원해 있는데도, 다니던 학교를 자퇴하고 미국 유학을 떠나겠다는 고등학교 1학년 아들을 지지해줬다. 가족, 친지, 학교 선생님, 친구들까지 주변 사람들은 하나같이 반대했지만, 아버지 손삼헌만은 허락했다. 손정의는 당시를 이렇게 회상했다.

"병드신 아버지를 두고 떠나는 아들에게 어머니가 울면서 매달렸지만 뿌리치고 유학을 갔다. 몇 년간 가족 옆에 있는 것도 물론 중요한 일이었다. 그러나 몇십 년 후를 생각했을 때 커다란 일을 하고 수많은 사람을 돕고 싶다는 열망이 너무 컸다."

　미국 유학은 그의 인생을 송두리째 바꾸는 변곡점이 됐다. 미국 명문대학인 UC버클리를 다니며 IT 분야에 눈을 떴다. 스물네 살에 허름한 창고에서 소프트뱅크를 설립한 그는 미국에서 보고 경험한 것들을 현실로 옮기기 시작했다. 세계 최대 IT 전시회 가운데 하나인 컴덱스, 미국 3위 통신업체 스프린트, 영국 반도체 설계전문회사 ARM 등 초대형 인수합병에 연달아 성공하면서 소프트뱅크를 전 세계 800개 계열사를 거느린 거대 그룹으로 성장시켰다. 결국 손정의를 일본의 살아있는 IT 신화로 만든 것은 고등학교 자퇴서를 들고 미국에 가겠다는 열일곱 살 아들을 보내준 아버지의 '믿음'이었다.

Chapter 4

자본은
노동의 아들

절약과 투자보다
노동을 먼저 가르쳐라

미국 뉴욕주에 사는 친구네 집에 놀러 갔다가 재밌는 광경을 목
격했다. 동네 아이들 네댓 명이 큰 자루를 들고 다니면서 빈 병
을 모으고 있었다. 친구에게 물어보니 빈 병 보증금을 받으려고
한 달에 몇 번씩 이웃집이나 공원을 열심히 휩쓸고 다니면서 빈
병을 모으는 애들이라고 한다. 뉴욕주는 빈 병 한 개에 50센트의
보증금을 반환해준다. 친구를 비롯해 동네 어른들은 그런 아이들
이 귀여워서 일부러 빈 병을 모았다가 내준다고 했다.

문득 서울에서 초등학교 아이들이 떼 지어 포댓자루를 들고
다니며 이웃집에 찾아가 빈 병을 달라고 한다면 사람들이 어떤
반응을 보일까 궁금했다. 아마도 문전박대하거나 〈세상에 이런

일이> 같은 프로그램에 제보하지 않을까?

내 주변에는 아이들이 돈과 관련된 것에 관심을 보였을 때 부정적으로 반응하는 경우가 꽤 있다. 한국에서 미국으로 온 지 얼마 되지 않은 한국인 이웃이 어느 날 나를 붙잡고 학교에 대한 불만을 쏟아냈다. 불만의 요지는 학교에서 왜 아이들에게 '박스톱(Box tops) 모으기'를 시키는 것인지 이해가 안 간다는 것이다.

두 딸이 다닌 조지워싱턴스쿨에서도 박스톱 모으기를 했다. 박스톱은 휴지나 씨리얼 상자 등 생필품 포장지 위쪽에 표시해놓은 포인트다. 한국으로 치면 '오케이캐시백' 같은 것이다. 박스톱을 가정에서 오려 학교에 가져가면 학교가 모아서 기업으로부

터 장당 10센트를 기부금으로 받는다. 학교에서는 기부금 모금을 장려하기 위해 박스톱을 제일 많이 모은 학급에 피자 파티를 열어준다. 두 딸도 박스톱 모으기에 재미가 들려서 박스톱이 있는 생필품을 사려고 야단이었다. 내게 학교에 대한 불만을 표현했던 이웃은 "얼마 되지도 않는 박스톱 기부금 때문에 애들에게 포인트나 돈 같은 곳에 신경을 쓰게 하고 불필요한 일을 시킨다"고 못마땅해했다.

그렇게 생각할 수도 있다. 아이가 자꾸 "포인트 모아야 해! 돈 모아야 해!"라고 말하는 게 왠지 걱정되기도 하고, 박스톱을 일

미국 학교에서는 식료품이나 생필품, 학용품 포장지에 붙어 있는 박스톱을 가정에서 오려 오는 '박스톱 모으기'가 활성화되어 있다. 학교는 학생들이 모은 박스톱을 기업에 보내 기부금을 받는다.

일이 오려서 모으는 것도 귀찮은 일이다. 하지만 아이들에게는 좋은 배움의 기회가 될 수 있다. 바로 돈과 노동의 관계를 깨우치는 기회 말이다.

돈을 벌기 위해서는 필연적으로 일을 해야 한다. 일이 먼저이고, 돈은 나중이다. 미국의 가장 존경받는 대통령 중 한 명인 에이브러햄 링컨(Abraham Lincoln, 1809~1865년)도 "자본은 노동의 아들"이라고 하지 않았던가. 그냥 하늘에서 떨어지는 돈은 없다. 상속받은 돈이라도 그것은 부모가 노동한 대가다. 주식으로 번 돈, 부동산으로 번 돈 역시 '투자'라는 행위에 대한 대가다. 아이들에게 너희가 학원을 다니고, 옷을 사 입고, 피자를 사 먹을 돈을 마련하기 위해 부모가 노동하고 있다는 사실을 알릴 필요가 있다. 돈을 버는 게 힘들다는 사실을 스스로 깨닫는 순간, 돈을 대하는 아이들의 태도가 달라진다. 잔소리 백 번 하는 것보다 낫다!

두 딸은 박스톱을 모으면서 학교를 위해 일을 하고 있다는 생각에 뿌듯해했다. 몇 달 동안 박스톱을 30장을 모은 두 딸은 박스톱 기부금이 모두 합쳐 3달러밖에 되지 않는다는 사실에 실망했다. 하지만 그만큼 돈과 노동의 가치가 귀하다는 것을 배웠다. "나 이제 학교 수돗물 아껴 쓸 거야.", "나는 엄마한테 하겐다즈(아이스크림 가게로 이 곳에서 파는 아이스크림은 1컵에 5달러가량) 가자고 안 할 거야." 두 딸의 이런 뜬금없는 선언은 박스톱 모금 마감

한국 경제 교육은
'노동'은 간과한 채 '소비'와 '저축'만 강조한다.
돈을 벌기 위해서는 일해야 한다.

돈을 버는 게
힘들다는 사실을
깨닫는 순간,

돈을
다루는 태도가
바뀐다.

일에 나온 것이다.

지금까지의 경제 교육은 대부분 소비와 저축에 집중돼 있다. '돈을 아껴 쓰자', '저축하자'고 강조했다. 그런데 아이들에게 노동에 대해서는 잘 가르치지 않는다. 어떻게 돈을 벌어서 먹고살아야 하는지 생존기술을 알려주지 않고 있다.

우리가 간과하고 있는 '노동'을 선진국에서는 경제 교육의 최우선 과제로 꼽고 있다. 아이들이 독립적이고 합리적 의사결정을 하는 성인으로 자라기 위해서는 어려서부터 '일을 해서 돈을 버는' 훈련을 해야 한다고 믿고 있다. 아이들이 빈 병 재활용으로 용돈을 벌고 박스톱을 모아 직접 학교 기부금을 마련해도 전혀 거부감이 없는 이유다. 오히려 잘한다고 손뼉을 쳐준다.

돈을 버는 게 얼마나 힘든 일인지 알게 되면 자연스럽게 돈을 아껴 쓰고, 저축을 하고, 부모에게 감사하는 마음을 갖게 된다. "돈을 가르쳐야 물질만능주의로 빠지지 않는다"는 주장이 여기서 비롯된다. 그뿐인가. 일하면서 남의 말에 귀를 기울이고, 다른 사람과 협력하고, 좌절을 겪어보고, 성취감을 느끼는 일련의 과정은 백만 금을 주어도 살 수 없는 값진 경험이다.

미국의 유명한 재무관리 상담사이자 인기 라디오 쇼를 진행하고 있는 데이브 램지(Dave Ramsey, 1960년~)는 "아이들에게 돈 버는 일의 고귀함을 가르치자"고 강하게 주장하는 사람 중 한 명이다. 그는 "자녀에게 노동하는 법을 가르치지 않는 부모는 다정하고 너그러운 것이 아니라 무책임한 부모다"라고 주장한다. 그는 자녀에게 용돈을 준 적이 없다. 집안일을 시키고 '수고비'란 명목으로 돈을 지급했다고 한다. 심지어 '일하기 싫은 자 먹지도 말라'는 성경의 가르침에 따라 아이들이 집안일을 하지 않으면 밥도 주지 않았다고 한다.

돈을 어떻게 벌어야 하는지 모르면서 돈에 대한 욕망만 가득한 사람, 이 보다 불행한 삶이 있을까. 자녀가 돈의 노예로 살아가지 않게 하려면 일찍이 노동의 가치를 알려줘야 한다.

데이브 램지는 자녀에게 노동하는 법을 가르치지 않는 부모는 무책임한 부모라고 주장한다.

노동으로 실패와 성공을
경험하게 하라

아이에게 노동의 가치를 가르칠 때 가장 중점을 두어야 할 것은
바로 '성취감'이다. 아이에게 노동을 가르치는 목적은 돈을 벌기
위해서가 아니라 실패와 성공을 경험하게 하는 데 있어야 한다.
아이는 실패와 성공을 반복하면서 실패를 딛고 성공했을 때, 그
리고 그 성공을 인정받고 보상받을 때 성취감을 느끼게 된다.

　아동심리학자들은 성취감이 아이의 학습 능력을 향상시키는
데도 반드시 필요하다고 분석한다. 성취감을 느끼면 도파민이라
는 신경호르몬이 나오는데, 도파민은 의욕을 높이고 참을성을 강
화한다. 도파민이 나오는 동안은 학습 속도가 빨라지고 집중력이
높아진다. 아이가 어떤 행동을 통해 성취감을 느끼고 도파민이

분비되면, 뇌는 이 행동을 좋은 기억으로 저장한다. 그리고 아이가 계속 그 행위를 하도록 동기를 부여하는 선순환이 일어난다. 아이는 일련의 과정을 겪으며 자신감을 높일 수 있다.

아이가 일하며 성취감을 느끼게 하는 방법은 어떤 게 있을까? 이를 위해서는 부모가 아이에게 일을 시킬 때 반드시 잊지 말아야 세 가지 원칙이 있다.

첫째, 작은 일부터 시작해 조금씩 도전적인 일로 단계를 높여 나간다. 처음부터 너무 버거운 일을 주면, 성취감을 느끼기도 전에 의욕을 꺾을 수 있다. 그렇다고 너무 쉬운 일만 주면 아이는 흥미를 잃는다. 아이의 나이와 능력, 성격을 고려해 과제에 변화

아이가 어떤 행동을 통해 성취감을 느끼고 도파민이 분비되면, 뇌는 이 행동을 좋은 기억으로 저장한다. 그리고 아이가 계속 그 행위를 하도록 동기를 부여하는 선순환이 일어난다.

를 주어야 한다.

둘째, 아이가 한 일을 평가할 때는 결과보다는 과정에 중점을 둔다. 시간이 오래 걸린다든지 실수를 하더라도 일하는 과정이 성실했다면 기다려주고 보상해주자는 뜻이다. 공부는 모르는 것을 깨닫는 과정이다. 아이가 노동의 소중함을 깨닫기 위해서는 중간에 막히고 실수해도 혼내서는 안 된다. 부모가 "그것도 못해! 이렇게 하려면 때려치워!"라고 말하는 순간 아이의 도전 의식은 사그라지고 만다. 부모가 실수에 예민할수록 아이들은 실수를 감춘다.

셋째, 보상은 즉시 한다. 아이가 실컷 일했는데 부모가 바쁘다고 보상을 미루면 아이의 몸에서 도파민이 나오지 않을 것이다. 결과가 만족스럽지 못하더라도 아이가 최선을 다해 일했다면, 그 즉시 칭찬과 함께 보상한다. 만약 아이가 일을 한다고 약속해놓고 마음이 바뀌어 하지 않겠다고 하거나 중간에 포기한다 해도 혼낼 필요는 없다. 보상을 하지 않으면 그만이다.

다만, 아이가 자기 자신을 위해 당연히 해야 하는 일에 대해서는 보상하지 않는다. 예를 들어 숙제하기, 자신이 어질러놓은 장난감 치우기 등을 보상의 대상으로 삼으면 안 된다. 그것은 보상의 대상이 아니라 아이의 의무이자 책임이라고 알려줘야 한다. 아이의 일감을 정할 때는 자기 자신만을 위한 것이 아니라, 가족

아이에게 노동을 가르칠 때
필요한 세 가지 원칙.

첫째, 작은 일부터 시작해 조금씩 단계를 높여가며 일거리를 준다.
둘째, 평가할 때는 결과보다는 과정에 중점을 둔다.
셋째, 보상은 즉시 한다.

또는 남을 위하는 일이어야 하고, '당연히 해야 할 일'이 아니라 '하면 좋은 일'에서 선택해야 한다.

일감을 정할 때는 부모가 독단적으로 정하지 않고 아이와 함께 상의하는 것이 좋다. 그래야 아이의 흥미를 유발할 수 있을 뿐 아니라 책임감도 갖게 할 수 있다. 일감의 개수는 한 달에 3~4개가량으로, 부담되지 않는 선에서 정하자.

일에 대한 대가는 아이와 부모의 상황에 맞춰 결정하면 되는데, 조금 인색하다 싶을 정도로 주는 것이 좋다. 노동 강도와 아이의 나이에 따라 100원을 줄 수도 있고 1000원을 줄 수도 있다. 미취학 아동과 초등학교 1~2학년은 직접 돈을 주기보다 포인트를 주고 아이가 원하는 것이 있을 때 포인트를 활용하게 하는 편이 낫다.

아이가 하는 일은 최대한 구체적으로 명시하고 정해진 시간에 일정하게 일을 하도록 해야 '땡땡이' 칠 확률이 줄어든다는 사실도 잊지 말자. 작은 칠판에 가족의 일정과 함께 아이가 할 일을 적어놓으면 편리하다.

두 딸에게 토요일 아침마다 식사 준비를 도우면 각각 1점의 '굿 포인트(good point)'를 줬다. 여덟 살인 딸아이에게 직접 돈을 줄 필요가 없다고 판단했기 때문이다. 팬케이크를 반죽하는 일과

일에 대한 대가는 조금 인색하다 싶을 정도로 주는 것이 좋다. 미취학 아동과 초등학교 저학년은 포인트를 주고 아이가 원하는 것이 있을 때 적립한 포인트를 활용하게 하는 방법이 있다.

채소·과일 씻기, 테이블 세팅은 아이들의 몫이다. 주말 아침이면 뒹굴기만 하던 아이들이 과제를 받으니 신 나게 일을 했다. 부작용이 있다면 자기들이 세상에서 제일 맛있는 팬케이크를 만들수 있다는 과도한 자신감에 사로잡히게 됐다는 것 뿐……..

부모가 아이를
고용하라

아이가 일할 수 있는 경로는 세 가지가 있다. 집안일을 하는 것과 친구·친척·이웃 등 지인의 집에서 일하는 것, 그리고 실제 사회로 나가는 것이다. 처음에는 집안일로 시작해 점차 활동 반경을 넓히면 아이의 성취감과 사회성도 그만큼 커질 수 있다.

미취학 아동과 초등학교 저학년 아이들은 먼저 가정에서 노동을 경험해보는 것이 좋다. 아이들은 일하는 것에 서투르기 때문에 처음에는 오히려 집안을 엉망으로 만들 수 있다. 하지만 아이에게 차분히 일의 순서를 가르쳐주고 성취감을 느낄 수 있도록 보상해준다면 아이들은 예상보다 주어진 일을 훨씬 잘해낼 것이다. 어느 정도 시간이 흐르면 엄마의 귀찮은 일거리가 은근히 덜

요리는 아이에게 좋은 일감이자 놀이다.

어 지고 있다는 사실에 놀라게 된다. 그렇다고 아이들을 너무 부
려 먹지는 말기를…….

초등학교 고학년부터는 집안일 뿐 아니라 다른 곳에서 노동을
경험할 수 있는 시기가 된다. 스스로 할 수 있는 것이 많아지고
자기의 행동에 어느 정도 책임을 질 수 있는 나이가 됐기 때문이
다. 할아버지 할머니 댁이나 친척집이 가까이 있다면 아이가 그
집에 가서 나이에 맞는 집안일을 하고 보상을 받을 수 있다. 부모
가 아닌 다른 사람에게서 받는 보상은 아이가 돈과 노동의 가치
를 좀 더 현실적으로 인식하게 하는 계기가 된다.

아이를 보내기 전에 할아버지 할머니께 미리 용돈이나 선물을

챙겨드리는 센스를 발휘해보시라. 아이는 더 환영받을 것이 분명하다. 특히 어르신들은 무거운 짐을 들기 어려우므로 초등학교 고학년 이상의 아이라면, 장보기나 쓰레기 버리기 등의 과제를 주면 좋다. 어르신에게도 큰 도움이 될 수 있고 아이도 보람을 느낄 수 있다.

가정에서 연령별로 할 수 있는 일거리들을 소개한다. 이 일거리들은 '눈높이 교육'의 창시자인 마리아 몬테소리(Maria Montessori, 1870~1952년)가 제안한 '연령별 집안일 목록'을 참조했다. 여기에 한국 실정에 맞고 교육적 효과가 있는 일감을 추가해 정리했다. 비교적 안전하면서 어렵지 않게 할 수 있는 일거리로, 아이의 특성과 주위 여건에 맞춰 적용하면 된다.

특히 빈 병 모으기는 나이 불문하고 온 가족이 꾸준히 해 볼 것을 권한다. 우리 집의 빈 병만 모아도 되지만 주말에 온 가족이 아침 일찍 공원에 운동을 나가거나 산행을 갔다가 버려진 병을 보면 지나치지 말고 아이에게 주워오라고 하자. 빈 병 보증금이 2017년부터 인상돼 모아놓으면 아이들에겐 짭짤한 소득이 된다. 환경 보호도 생활화할 수 있다. 빈 병 보증금은 소주병 100원, 맥주병 130원, 콜라 사이다병 100원, 1000밀리리터 이상 대형 주스나 정종병은 350원이다.

병 규격별 보증금

규격	보증금	비고
190ml 미만	70원/개	소형 미니어처 등
190ml 이상 400ml 이상	100원/개	소주, 맥주(소형), 청량음료 등
400ml 이상 1000ml 미만	130원/개	맥주(중대형) 등
1000ml 이상	350원/개	대형 정종 등

* 1인 하루 30병까지만 반환

　　요리는 아이에게 좋은 일감이자 놀이다. 아이의 소근육 발달에도 좋다. 우리 집 아이들은 만두 빚기를 특히 좋아해서 만두를 사 먹지 않고 일부러 만들어 먹었다. 마트에서 파는 만두피에 아이들이 좋아하는 치즈와 옥수수 또는 엄마아빠가 좋아하는 당면으로 만두소를 넣어 기름에 굽는 방식이다. 두 딸이 야무진 손으로 30분 집중해서 만두를 만들면 온 가족이 실컷 먹고도 냉동실에 두세 번 먹을 양을 보관해 둘 수 있다. "덕분에 돈도 아끼고 맛있는 만두도 먹었다"며 칭찬해주고 굿 포인트 1점씩 주면 아이들의 입꼬리가 쓱 올라간다.

연령별 추천 집안일 목록

만 2~3세부터

- 책꽂이에 책 꽂기
- 작은 빨래 개기
- 식탁 닦기
- 수저 놓기
- 빨래 바구니에 빨래 넣기
- 집안 낮은 곳에 있는 먼지 닦기
- 외출할 때 자신이 신을 양말과 엄마 양말 고르기
- 양배추나 양상추 뜯기

만 4~5세부터

- 반려동물 밥 주기
- 양말 짝 찾아 개기
- 집안 낮은 곳 걸레질하기
- 화장실 휴지 교체하기
- 빈 병 모으기
- 이부자리 펴고 개기
- 화분에 물주기
- 신발 정리하기
- 과일 · 야채 씻기
- 피자(토르티야나 식빵 위에 치즈와 재료 얹기) · 핫케이크(거품기로 반죽 돌리기) · 메추리알 꼬치(메추리알 까서 꼬치에 꽂기) 등 간단한 간식 만드는 것 돕기

만 6~7세부터

- 부모님 구두 닦기
- 쓰레기 분리수거
- 방바닥 대걸레질
- 소형 진공청소기로 방구석이나 자동차 안 청소하기
- 샐러드(재료 씻고 다듬고 소스 뿌리기) · 만두(만두피 안에 소를 넣고 모양 만들기) · 유부초밥(초밥을 유부 안에 넣기) · 쿠키(쿠키믹스 반죽하고 모양틀로 찍기) 등 요리에 참여하기

처음에는 집안일로 시작해
점차 활동 반경을 넓히면
**아이의 성취감과 사회성도
그만큼 커질 수 있다.**

만 8~9세부터

- 세탁기 돌리기
- 옷 개기
- 베란다 청소하기
- 혼자 빨래 널기
- 집 앞에서 반려동물 산책시키기
- 집안 가구와 가전 먼지 닦기
- 잼 · 샌드위치 · 핫도그 · 김가루 주먹밥 등 간단한 요리를 만들어 동생 또는 친구들과 함께 먹기

만 10~11세부터

- 진공청소기 돌리기
- 쓰레기 버리기
- 화장실 청소하기
- 동생 숙제 봐주기 또는 책 읽어주기
- 주말 아침 냉장고에 있는 음식 또는 토스터기를 이용해 간단한 가족 식사 차리기
- 동네가게에서 장보기 심부름
- 가족들 사진 정리하고 앨범 만들기(컴퓨터 사용에 관심이 높은 시기이기니 가족 홈페이지를 만들어 사진을 올리거나 포토 앱으로 사진첩을 만들 수 있다.)

만 12세부터

- 설거지
- 창문 닦기
- 세차 돕기
- 전구 갈기
- 가족을 위해 라면이나 볶음밥 등 간단한 요리하기(가스레인지와 칼 사용법을 미리 알려준다.)
- 동생에게 공부 · 피아노 · 운동 등 가르치기
- 관리비나 전기세 같은 공과금 매달 결산하기(엑셀프로그램 등에 비용 추이를 정리하게 하면, 아이가 알아서 화장실 불을 끄고 에어컨을 세게 트는 아빠에게 잔소리하는 신세계를 경험)
- 명함 정리(책상 한구석 쌓여있는 명함들을 엑셀이나 명함정리 전문앱에 입력하게 하면 다양한 직업과 직종에 대해 생각해보고 인맥 관리의 중요성에 대해서 간접 체험하는 기회가 된다.)
- 외신 기사 번역하기(부모가 관심 있는 주제의 해외 뉴스 기사 한 꼭지를 정기적으로 번역)

이웃집을 통해
아이의 일터를 확장

친척집이 가까이 없다면 아이가 노동을 경험할만한 적당한 이웃집을 물색하자. 또래 아이가 있으며, 부모끼리 자녀 교육에 대한 가치관을 공유할 수 있는 이웃집이 가장 좋다. 우리 아이는 이웃집에서 일하고, 이웃집 아이는 우리 집에서 일하게 하는 것이다.

왜 엄마 친구의 아들딸들은 아이들에게는 경계의 대상이요, 엄마들에겐 질투의 대상이 됐을까? 그건 끊임없이 다른 아이들과 내 아이를 비교하는 우리 자신 탓이다. 시각을 바꾸면 이웃이야말로 우리 아이의 훌륭한 스승이 될 수 있다.

이웃집에서 하는 아르바이트는 가정에서 부모가 시키는 집안일보다, 친인척의 집안일을 돕는 것보다 교육 효과가 훨씬 크다. 아이는 가정에서보다 조금 더 긴장하게 되고, 조금 더 다른 관계를 배운다. 실제로 현실 세상에 나간 것은 아니지만, 가정의 울타리와 학교나 학원같이 익숙한 환경에서 벗어나 '남'으로부터 일감을 얻고 보상을 받으며 '사회'를 경험한다.

또한 또래 친구는 우리 아이에게 긍정적인 자극제가 될 수 있다. 서로의 집에서 아르바이트하면서, 아이는 자신이 한 일과 친구가 한 일을 평가하게 되고 자기반성을 한다. 이때 부모가 이웃 아이에 대해 평가하는 말이나 비교하는 말을 해서는 절대로 안 된다. 내 아이에게도 그 아이에게도 도움이 되지 않으며 이웃과의 관계도 틀어질 수 있다. 아이는 부모가 말하지 않아도 스스로 배울 점과 배우지 말아야 할 점을 느낀다.

여럿이 함께 일할 수 있는 과제를 주면 협동심도 배울 수 있다. 십 대 청소년들은 부모의 열 마디보다 친구의 한 마디에 더 많은 영향을 받는다. 좋은 이웃, 좋은 친구가 스승이 될 수 있는 이유는 이렇게 많다.

아이가 이웃집에서 과제를 할 땐 가정과 친인척 집에서 해오던 단순한 집안일보다는 난이도 높은 일을 맡겨보자. 미국에서는 이웃집에서 베이비시터, 개 산책, 눈 치우기, 잔디 깎기, 낙엽 쓸기 등의 아르바이트를 하는 아이들을 흔하게 볼 수 있다. 한국에

아이의 일터를 이웃집으로 확장하면,
교육적 효과가 훨씬 커진다.
**아이는 가족이라는 든든한 울타리를 벗어나
'남'에게 일감을 얻고 보상을 받으며
'사회'를 경험한다.**

서도 단독 주택에서 살고 있다면 우리 아이와 이웃집 아이에게 눈 치우기, 낙엽 쓸기 등 마당 청소와 관련된 일감을 줄 수 있다. 상추, 토마토, 고추 등 비교적 잘 자라는 채소를 심게 하고 텃밭을 함께 가꾸는 것도 좋은 과제다. 아파트에 살고 있어 마당이 없다면 책장 청소, 세차, 헌 가구 페인트칠, 명함 정리 등의 일감을 줄 수 있다.

특히 책장 청소는 강력 추천 일거리다. 일회성이긴 하지만 아이의 지적 호기심을 자극할 수 있는 좋은 계기가 된다. 책장에 있는 책들을 픽션과 논픽션 또는 주제별, 한글·알파벳 순서로 정리하게 해보자. 아이들에게 책장 청소를 시키는 이유는 책을 도서관처럼 분류하기 위해서가 아니다. 교육이 목적이다. 그러니 분류가 서툴다고 해서 잔소리를 할 필요는 없다. 아이들이 성취감을 느끼고 책에 흥미까지 보였다면 충분히 성공한 것이다.

이웃집 자녀와 우리 아이가 양쪽 집에서 함께 일하게 해도 좋다. 책을 정리하며 자연스럽게 책에 대해 대화를 나누게 될 것이다. 우리 집은 어떤 책이 있는지, 이웃집은 어떤 책이 있는지, 친구는 어떤 책에 관심이 많은지 눈으로 보고 이야기하면서 오래 묵은 책을 다시 펼쳐보거나 새로운 주제에 관심을 기울이게 된다.

알바로 현실 세계 생존법을 배우다

가정과 지인의 집에서 일하는 것에 익숙해졌다면 이제는 본격적으로 사회생활을 경험할 차례다. 아이가 사회에 나가서 하게 될 일은 단순히 집이나 집 근처에서 하는 것과는 차원이 다르다. 고용자는 피고용자의 편의를 봐주며 일을 시키지 않기 때문이다. 아이는 힘들고 억울하고 수치스러운 상황을 겪을 수도 있다. 그렇다고 너무 걱정할 필요는 없다. 아이를 믿어주면 된다. 그리고 아이가 성장하는 것을 지켜봐 주면 된다. 십 대의 사회 경험은 아이가 성인이 되어 부모에게서 독립할 때 큰 밑거름이 될 것이 분명하다. 내 자녀의 첫 사회 경험, 어떻게 하면 될까?

언제가 좋을까? 보통의 중고등학생이라면 학기 중에 사회 경험을 하기는 쉽지 않다. 주말이나 방학을 이용하는 것이 좋다. 아이가 원할 때 부모와 상의하여 시기와 시간을 결정한다. 아침 일찍 할 수 있는 일거리를 구하면, 하루를 효율적으로 사용하는 데 도움이 된다. 이 대목에서 아르바이트를 하면 공부에 방해되지 않을까 걱정하는 목소리가 나올 수도 있다. 하지만 아이는 하루 24시간 일 년 365일 공부에 집중할 수 없다. 방학 한 달 중 며칠을 골라서 하루 3시간이라도 사회 경험을 해본다면, 책상에 앉아 문제집만 풀고 있을 때보다 더욱 값진 인생 공부를 할 것이다.

어디서 하면 좋을까? 우선 부모나 지인의 회사, 가게, 사업장에서 일할 기회를 잡을 수 있다면 금상첨화다. 주변에 믿을 만한 청소년 아르바이트 자리가 나왔을 때 부모가 적극적으로 지원해줄 필요가 있다. 사실 부모가 학원이나 과외 알아보는 적극성의 절반만 발휘해도 아이에게 적당한 일자리를 찾아줄 수 있을 것이다. 매일 지나치는 동네 상점이나 주민센터, 공공기관, 종교단체 등에 아르바이트 구인공고가 붙어있으면, 아이에게 귀띔해주고 관심 있는지 물어보자. 주변에서 찾기 어렵다면 아르바이트 전문 온라인 사이트를 이용할 수 있다. 되도록 집에서 가깝고 교통이 편한 곳을 골라야 한다.

정규직에 안착하지 못한 성인까지
아이의 아르바이트 경쟁자다.

아이들은 구직 과정에서 세상이 그리 만만하지 않다는 것을 깨닫는다.

이런 경험도 돈공부의 일부다.

무슨 일을 할 수 있을까? 원하는 아르바이트 자리를 구하는 건 쉽지 않을 것이다. 공공기관이나 직업을 미리 체험할 수 있는 곳, 급여가 높은 곳 등 조건이 좋은 일자리는 대학생뿐 아니라 정규직에 안착하지 못한 성인들도 치열하게 경쟁하기 때문이다. 심지어 한집 건너 한집 있는 것 같은 커피전문점과 편의점에서조차 거절당할 가능성이 더 높다. 세상살이가 다 그렇듯 아르바이트 자리 역시 눈높이를 낮춰야 한다. 아이들은 아마도 구직 과정에서 세상이 그리 만만하지는 않다는 것을 몸소 체험하게 될 것이다.

한국청소년정책연구원 조사(〈청소년 아르바이트 실태조사 및 정책방안연구〉, 책임연구원 안선영, 2014년)에 따르면 청소년들이 가장 많이 하는 아르바이트는 음식점 서빙(28퍼센트)과 전단 돌리기(24퍼센트)다. 뷔페나 웨딩홀에서 안내 및 서빙(13퍼센트)도 많이 경험하는 일에 속했다. 그 밖에 편의점, PC방, 주유소, 놀이공원에서 아르바이트하거나 배달, 택배, 퀵서비스, 사무업무 보조, 이벤트 도우미 등도 경험하고 있는 것으로 나타났다.

이쯤 되면 두 가지 반응으로 갈린다. '내 아이에게 한번 일을 시켜볼까?'라고 긍정적으로 생각하는 부모와 '얼마나 애지중지 키운 아이인데, 서빙이나 전단 돌리는 일을 시킬 수 있느냐'고 화를 내는 부모.

사실 난 이 문제로 친구들 간 싸움을 붙인 적이 있다. 친구들 모임에서 중학생 딸을 둔 친구에게 아이의 아르바이트를 권했다.

"집 앞에 있는 아이스크림 가게에서 딸아이를 아르바이트시켜 보는 게 어때?

질문이 끝나기 무섭게 친구는 역정을 냈다.

"쓸데없이 아이한테 왜 그런 걸 시켜?"

그랬더니 다른 친구가 그 친구의 아픈 곳을 건드리고 말았다.

"너 대학생 때 아이스크림 가게에서 일하다가 힘들다고 금방 그만둔 적 있었잖아. 나중에 회사도 못 참고 바로 때려치우고……. 네 딸은 어릴 때부터 훈련해보는 게 어때?"

그 뒤 상황은 상상에 맡기겠다. 그저 내가 많이 잘못했다고 싹싹 빌고 끝났다.

청소년이 사회에 나가 돈을 버는 건 분명 쉽지 않은 일이다. 어리다고 무시당하거나, 진상고객을 만나거나, 체력적으로 힘이 들거나, 부당한 대우를 받을 수도 있다. 하지만 그 과정에서 사회를 알아가고 돈으로 환산할 수 없는 가치를 배우게 될 것이다. 편의점 아르바이트라면 짐을 나르고 매장을 청소하며 육체노동을 경험하고, 결산과 재고관리도 체험할 수 있다. 커피전문점 아

아르바이트를 하며 아이는 여러모로 힘들어 할 것이다.
하지만 그 과정에서 사회를 알아가고 돈으로 환산할 수 없는 가치를 배우게 된다.

르바이트라면 고객을 응대하는 방법, 다른 직원들과 분업해서 일하는 방법을 배우고 무엇보다 맛있는 커피와 음료수 만드는 법도 배울 수 있지 않은가! 자녀가 성인이 된 이후에도 집 안에 꽁꽁 숨겨두고 보호할 것이 아니라면, 사회에 적응하는 법을 반드시 미리 훈련시켜야 한다. 그것이 부모의 의무다.

어떻게 시작해야 할까? 자녀가 사회 체험을 할 때는 몇 가지 유념할 것이 있다. 우선 아이와 일하는 태도에 관해 얘기를 나눠야 한다. 아르바이트도 일종의 직업이다. 아무리 단순한 일이라도 책임감과 사명감이 있어야 한다. 지각하지 않고 성실하고 즐겁게 일할 때 성취감과 만족감이 더욱 커진다는 사실을 알려주자. 또 간과하지 말아야 할 것은 아르바이트 목적에 관해 아이와 얘기해야 한다는 것이다. 단순히 돈을 벌기 위해서가 아니라 성인이 되어 부모에게서 독립한 이후 현실 세계에서 생존하는 법을 배우기 위한 것이란 사실 말이다. 아르바이트로 번 돈을 어디에 쓸지에 대해서도 미리 아이와 얘기를 해보자. 아이가 평소에 가장 갖고 싶었던 것을 사든지, 여행을 가든지, 대학 첫 등록금에 보태어 쓰든지 돈의 목적을 정하면 일을 하는 데 동기부여가 될 수 있다.

무엇보다 유념해야 할 것은 안전이다. 일터와 일거리가 안전한지 사전에 반드시 확인해야 한다. 아르바이트 면접을 보러 갈 때 면접 장소와 시간이 적절하지 않으면 거부해야 하고 회사 정보가 정확한지, 허위·과장 구인광고는 아닌지 미리 찾아봐야 한다. 과도한 개인신상정보나 돈을 요구하는 곳은 피해야 한다. 아르바이트 갈 때와 올 때 동선도 미리 파악하고, 가능하면 보호자가 동행하도록 하자. 열심히 아르바이트하는 아이에게 "대견하네!"라고 칭찬도 해주면서 말이다.

알바일수록 법을
더 꼼꼼히 챙기자

아이가 아르바이트를 시작하기 전
청소년 노동과 관련한 기본법을
함께 확인해보자.

아이가 사회생활을 하기 전 부모와 함께 반드시 확인해야 할 것
이 있다. 청소년 노동과 관련한 기본적인 법이다. 관련법은 「근로
기준법」과 「청소년보호법」, 「최저임금법」이다. '아르바이트하는
데 법까지 공부해야 하나?'라고 생각할 수 있지만, 법을 모르면
손해 보기 십상이라는 것을 사회 초년병에게 반드시 알려주어야
한다. 살면서 가장 필요한 지식이 바로 경제와 법 아니던가. 미적
분을 실생활에 활용할 가능성은 제로퍼센트에 가깝지만, 「근로
기준법」을 활용할 가능성은 거의 백퍼센트다. 내 아이에게 「근로
기준법」을 알려주는 시간이 전혀 아깝지 않은 이유다.

Q. 청소년 아르바이트는 불법일까요?

우선 우리 아이가 법적으로 아르바이트를 할 수 있는 나이인지 아닌지부터 알아보자. 「근로기준법」상 근로가 가능한 최저 연령은 만 15세다. 단, 미성년자이기 때문에 보호자의 동의가 필요하다. '연소근로자 ○○○이 사업장에서 근로하는 것을 동의합니다'라고 쓰여 있는 '보호자 동의서'와 가족관계증명서를 일터에 제출하면 된다.

우리 아이가 만 15세 미만이라면 아르바이트를 아예 할 수 없을까? 조금 귀찮지만, 방법은 있다. 13세 이상 15세 미만 아이가 일하기 위해서는 보호자와 학교장, 일하게 될 사업장 대표로부터 동의를 받아 '취직인허증'을 작성하고, 이것을 집에서 가까운 지방고용노동청에 제출한다. 노동청은 제출한 서류를 검토해서 특별히 학교생활에 지장이 없어 보이면 취직인허증을 받아준다.

아이가 만 13세 미만이라면, 예술공연에 참가하는 경우에만 합법적으로 일할 수 있다. 예술공연 분야가 아니라면 불법이다. 음악 영재가 콘서트를 열거나 아역배우가 드라마에 출연하는 것은 예술공연에 해당하기 때문에 13세 미만이라도 취직인허증을 받아 일할 수 있다.

몇 살부터 일할 수 있을까?

나이(만)	13세 미만	13세 이상 15세 미만	15세 이상 18세 미만	18세 이상
근로 가능 여부	× (예술공연 예외)	○	○	○
필요 서류	–	가족관계증명서, 보호자 동의서, 취직인허증	가족관계증명서, 보호자 동의서	필요 없음

Q. 아르바이트에 필요한 서류를 준비했다면, 어디서든 일할 수 있나요?

자녀가 아르바이트 하기 위해 필요한 서류를 모두 준비했다고 해도 어디서든지 일할 수 있는 것은 아니다. 「청소년보호법」에 따라 만 19세 미만은 주류 판매업, 유흥업, 무도장, 숙박업, 이용업, 유독물 제조판매업 등에 종사할 수 없다. 예를 들어 비디오방, PC방, 노래방, 만화방에서 일할 수 없다. 호프집은 물론이고 술을 파는 카페나 음식점도 고용금지다. 단, 편의점이나 슈퍼마켓은 술을 팔더라도 일할 수 있다.

몇 년 전 인기리에 방영된 드라마 〈도깨비〉에서는 고등학교 3학년인 지은탁(김고은 분)이 술을 파는 치킨집에서 아르바이트 했다. 이는 「청소년보호법」 위반이다. 「청소년보호법」을 위반하면 고용인(치킨집 사장)이 2년 이하의 징역살이를 하거나, 2000만 원 이하의 벌금을 물어야 한다.

19세 미만, 술 파는 치킨집에서 알바

「청소년보호법」 위반!

2년 이하의 징역, 2000만 원 이하의 벌금

　「청소년보호법」 뿐 아니라 「근로기준법」에도 청소년 근로 금지 업종이 있다. 주로 도덕적, 신체적으로 해로울 수 있는 업무다. 탄광이나 고압실, 교도소, 정신병원에서 일하는 것이나 잠수 작업에 참여하면 안 된다. 배달 업무는 일부만 가능하다. 도보나 자전거라면 문제없지만, 오토바이 배달의 경우 운전면허증이 있어야만 가능하다. 오토바이 면허는 125cc 이하 소형이 만 16세 이상, 125cc 초과의 경우 만 18세 이상에게 시험자격을 준다.

　특이한 것은 「근로기준법」에서 '2-브로모프로판 취급 또는 노출 업무'를 18세 미만 청소년에게 금지했다는 점이다. 2-브로모

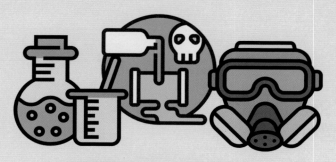

청소년기에는 화학물질을 많이 사용하는 공장에서 아르바이트하는 건 피하자.

프로판이 도대체 무엇이길래 「근로기준법」에 등장할까? 2-브로
모프로판은 반도체 같은 전자전기부품을 세척하는 화학물질이
다. 1995년 한 전자부품업체에 일하던 20여 명의 직원이 불임
등의 생식 장애를 일으켰는데, 알고 보니 2-브로모프로판 집단
중독이었다. 그 당시 2-브로모프로판은 오존파괴물질인 프레온
을 대체한 신물질이어서 어떤 독성이 있는지 알려지지 않았다.

사실 화학물질을 사용하지 않는 곳은 없다. 심지어 집에서도
수천 가지 화학물질을 사용한다. 하지만 한창 성장하고 있는 청
소년 시기에는 화학물질을 많이 사용하는 전자부품이나 염료 공
장 등에서는 아르바이트를 피하는 것이 좋다.

'을'의 권리를
주장하는 것도 돈공부

자, 본격적으로 아르바이트를 시작해보자. 아이가 일터에 가서 제일 처음 할 일은 '근로계약서'를 쓰는 것이다. 근로계약서에는 계약 기간과 시간, 근무 장소, 업무 내용, 휴일, 임금 등의 조건을 명시해야 한다. 근로계약서는 2부를 작성해, 고용자(사장)와 피고용자(알바생)가 1부씩 나눠 가진다. 근로계약서는 부모가 대신 써줄 수 없다. 일하는 당사자, 아이가 직접 고용자와 함께 작성해야 한다.

그런데 귀찮다며 근로계약서를 안 써주겠다는 고용자가 있을 수 있다. 근로계약서는 부당 대우나 분쟁에 대비해 자신을 보호할 수 있는 기본 장치다. 이 경우 부모님 핑계를 대라고 알려주

자. "부모님이 근로계약서 꼭 받아오라고 하셨어요."

　아르바이트할 때 가장 관심이 많은 게 임금이다. 하지만 고용자와 피고용자의 이해가 가장 많이 상충하는 지점도 임금이다. 상당수 고용자는 인건비를 아끼려고 갖가지 이유를 들어 아이에게 최저임금을 밑도는 시급을 주려 할 것이다. 사회생활을 해본 적 없는 청소년은 그동안 경험해보지 못한 냉혹한 현실을 마주하게 될 가능성이 높다. 예를 들면 고용자가 '수습'이라는 명목으로 임금을 최저임금보다 적게 준다든가, 몇 시간만 더 도와달라고 해놓고 초과근무수당을 주지 않는 등의 일이 다반사로 일어난다. 임금은 노동자의 권리다. 아는 만큼 권리를 행사할 수 있다. 아이와 같이 공부하자.

　국가는 매년 근로자들이 받아야 할 임금의 마지노선을 정한다. 그것이 최저임금제도다. 최저임금위원회 홈페이지(www.minimumwage.go.kr)에 들어가면 해당 연도의 최저임금이 대문짝만하게 적혀있다. 2021년 최저임금은 시간당 8720원이다. 알바비는 적어도 시급 8720원을 넘어야 적법하다는 얘기다. 최저임금은 청소년이나 성인이나 똑같이 적용된다. 어리다는 이유로 임금을 덜 주면 불법이다.

　만약 고용자가 수습 기간을 핑계로 알바비를 줄이려고 하면

어떻게 해야 할까?

"처음 일할 땐 수습 기간이니까, 시급을 반으로 쳐줄 수밖에 없어."

어깨를 펴고 눈을 똑바로 뜨되, 공손한 말투로 이렇게 말하면 된다.

"사장님도 아시다시피 「최저임금법」에 따르면 1년 이상 근로 계약을 맺어야만 수습 기간을 적용할 수 있잖아요. 1년 미만 일 시적으로 일하는 아르바이트생은 수습을 적용할 수 없고요. 그러니까 아르바이트생은 최저임금 이상으로 주셔야 합법입니다."

마지막 대목에서 밝게 웃어주면 더 좋다. 설마 웃는 얼굴에 침 뱉지는 않겠지…….

수습 제도는 1년 이상 근로계약을 맺은 신입 근로자에게 기술을 익히는 숙련 기간을 주는 것이다. 수습 기간에는 예외적으로 최저임금보다 낮은 임금을 받을 수 있다. 그렇다 해도 수습 임금은 최저임금의 90퍼센트를 넘어야 한다. 또한 최저임금의 90퍼센트를 받는 기간은 3개월로 제한된다. 즉 1년 이상 계약한 채용자에게만 '수습'이라고 불리는 교육 기간을 적용할 수 있으며, 수습 기간이 얼마가 됐든 임금은 근로 계약 이후 3개월이 넘는 순간부터 무조건 최저임금을 넘어야 한다는 뜻이다. '인턴'이라는 이름을 붙이든 '교육'이라는 이름을 붙이든 마찬가지다. 게다가

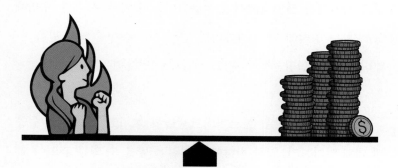

임금은 노동자의 권리다. 고용주가 '열정페이'를 요구한다면, 거부할 수 있어야 한다.

2018년부터 법이 바뀌어서 편의점이나 식당 아르바이트와 같이 숙련 기간이 필요 없는 단순 업무는 수습이라도 최저임금 이상을 줘야 한다는 것을 기억하자.

퇴근 시간이 됐는데 가게 사장이 "조금만 더 일해주면 안 될까?"라고 하면 어떻게 해야 할까? 이때도 법을 알아야 권리를 찾을 수 있다. 청소년은 건강을 보호하고 의무교육을 받을 수 있도록 근로시간을 제한하고 있다. 만 18세 미만 청소년은 하루 7시간, 1주일 40시간을 넘어 일할 수 없다. 오후 10시부터 오전 6시까지 야간에도 원칙적으로는 일할 수 없다. 다만 고용자와 근로자가 합의하면 하루에 1시간, 1주일에 6시간 한도로 근무시간을 연장할 수는 있다. 연장근무를 했다면 평소 받는 시급보다 50퍼센트를 더 많이 받을 수 있는데, 조건이 있다. 50퍼센트 추가 수당은 5인 이상 사업장에서만 적용된다는 점이다. 사장과 아르바이트생 두 명밖에 없는 가게라면 연장근무 추가 수당을 받을 수 없다. 그때는 연장근무 시 평소 시급대로 받으면 된다.

이제부터는 상당수 아르바이트생들이 놓치고 있는 주휴수당에 대해 알아보자. 일하지 않아도 임금을 받을 수 있는 휴일이 있다는 사실! 이름도 아름다운 '유-급-휴-일'. 성실한 근로자에게 일주일에 하루 이상 유급휴일을 준다고 해서 법에서는 주휴일이라는 이름을 붙였다. 많은 기업이 일요일을 주휴일로 정해놓고 그날은 근무하지 않아도 임금을 지급한다. 그때 주는 수당이 바로 주휴수당이다.

주휴수당은 정규직, 비정규직뿐 아니라 단기 근무하는 아르바이트생도 받을 수 있다. 조건은 일주일 근무 시간이 총 15시간 이상이며, 근로계약대로 개근할 것이다. 예를 들어 똑순이가 월·화·수·목요일 일주일에 네 번 네 시간씩 총 16시간을 일했다면 일을 하지 않은 금·토·일요일 중 이틀은 무급휴가, 나머지 하루는 유급휴가를 받을 수 있다.

아르바이트생의 주휴수당은 그 일터에서 가장 길게 일하는 정

똑순이의 주휴일은 언제일까?

주휴일 : 근로자에게 주는 평균 1주 1회 이상의 유급휴일

월	화	수	목	금	토	일
4시간 근무	4시간 근무	4시간 근무	4시간 근무	휴무	휴무	휴무

▶ 무급휴일 **2일**
▶ 유급휴일(=주휴일) 1일

알바생 권리장전!

하나 • **근무 시작 전 반드시 근로계약서 작성!**

둘 • **최저임금 보장받기!**
(수습은 1년 이상 계약할 때 적용)

셋 • **연장근로 시 50퍼센트 추가 수당받기!**
(조건, 5인 이상 사업장)

넷 • **주 15시간 이상 개근근로 시 주휴수당받기!**

직원의 주당 근로시간(보통 주 40시간, 하루 8시간)에 대비해 계산한다. 계산식은 '(일주일 총 근무시간/40시간)×8시간×시급'이다. 그러니까 똑순이가 주당 16시간을 빠지지 않고 일했고 시급이 8000원이라면, 일주일 임금은 12만 8000원(=8000원×16시간)이 아니라, 여기에 주휴수당 2만 5600원(=16시간/40시간×8시간×8000원)이 추가돼 총 15만 3600원을 받아야 한다. 계산식이 복잡하다고 걱정할 필요 없다. 포털사이트에서 '주휴수당 계산기'를 검색하자. 각종 취업사이트에서 간단하게 계산할 수 있는 프로그램을 제공한다.

사실 주휴수당은 아르바이트생뿐 아니라 일반 직장인들도 제대로 아는 사람이 많지 않다. 주휴수당은 근로계약서를 작성할 때 반드시 표기해야 한다. 만일 고용자가 주휴수당을 주지 않으면 당당히 달라고 요구하자. 그게 법이니까!

월급날 근로계약서에 나온 것보다 더 적은 돈이 입금됐거나 아예 임금이 체불됐으면 이유를 물어보고 지급날짜를 확답받아야 한다. '언젠가는 주겠지' 하고 계속 기다리다간 눈 뜨고 코 베인다. 고용자가 최저임금보다 적게 주거나 연장근로 추가 수당을 지불하지 않는 등 「근로기준법」을 위반하면 3년 이하의 징역 또는 2000만 원 이하 벌금을 받을 수 있다. 부당대우, 부당해고, 폭행, 성희롱 등 문제가 발생했거나 아르바이트와 관련해 궁금한 점이 있을 때는 고용노동부나 청소년근로권익센터, 청소년근로보호센터 등에 문의하자.

노동기본권은 헌법에 보장된 근로자의 기본 권리다. 내가 제공한 노동력에 대한 정당한 대가를 요구하고 받는 것, 불합리한 처우를 당했을 때 묵과하지 않는 것 모두 돈공부다.

아이에게
돈 벌어오라고 시키는
미국 학교들

"엄마 레모네이드 스탠드가 뭐야?"

『핑크공주(Pinkalicios)』 책을 읽고 있던 둘째 딸 초울이가 대뜸 물었다. 초울이는 '핑크공주가 레모네이드 스탠드로 돈을 많이 벌었다'면서 그것이 도대체 무엇인지 궁금해했다.

"레모네이드 스탠드? 레모네이드를 일어서서 마시는 건가?"

아재 개그만큼 썰렁한 대답을 던져놓고 잽싸게 인터넷 검색을 했다. 레모네이드 스탠드는 레모네이드를 파는 길거리 가판대를 가리키는 것이었다. 당시에는 미국에 온 지 얼마 되지 않아서인 지 아이들이 레모네이드 스탠드로 돈을 번다는 이야기가 생소하게 느껴졌다.

그런데 웬걸! 미국에서 레모네이드 가판대는 잠실야구장에서 늘 볼 수 있는 쥐포·번데기 가판대 마냥 흔한 풍경이었다! 아이들은 더운 여름 공원이나 사람이 많이 다니는 동네 길가에서 직접 만든 레모네이드를 1잔에 25~50센트(원화로 270~560원)씩 받고 판다. 지나가는 어른들은 웃으면서 1달러씩 박스에 넣어주고 사 마신다. "정말 맛있다. 고마워." 덕담도 하고 말이다. 하라는 공부는 하지 않고 밖에 나와 장사하고 있다고 아이들을 이상하게 생각하는 어른은 단 한 명도 없어 보였다.

심지어 콜로라도 덴버에 사는 '잭 보노(Jack Bonneau)'라는 어린이(2016년 당시 여덟 살)는 레모네이드 스탠드로 창업을 했다가 「뉴욕타임스」에 소개되기도 했다. 잭은 여름방학 동안 2000달러어치 레모네이드를 팔아서 900달러의 순이익을 올렸다고 한다. 평소 갖고 싶었던 레고 세트를 사고도 남을 돈을 벌자, 잭은 아예 웹사이트를 열고 레모네이드 사업을 확대했다. 잭은 스스로 번 돈으로 레고를 사는 기쁨뿐

미국에서는 여름이면 아이들이 집 앞이나 공원 등지에서 직접 만든 레모네이드를 파는 모습을 쉽게 볼 수 있다.

아니라 매출과 순이익, 비용, 자산, 부채 등 회계 개념을 몸소 체득했다. 무엇보다 '나도 할 수 있다'는 자신감을 얻게 됐다.

초등학교 2학년에 불과한 잭은 어떻게 사업을 시작할 수 있었을까? 동네 파머스마켓(Farmer's Market)에 판매대를 만들어준 그의 아버지 덕분이었다. 그리고 덴버지역의 비영리단체인 '경제 교육을 위한 영 아메리칸스 센터'의 도움으로 사업을 키울 수 있었다. 이 단체는 어린이와 청소년들에게 경제 교육을 해주는 동시에 계열회사인 '영 아메리칸스 뱅크'를 통해 어린이들에게 사업 자금을 대출해준다. 이 단체를 통해 경제 교육을 받은 어린이는 무려 63만 명이다.

미국에서는 레모네이드뿐 아니라 쿠키, 브라우니 같은 과자를 집에서 구워 이웃에게 파는 아이들을 종종 볼 수 있다. 집 앞에 '창고 세일(Garage Sale)'을 붙여놓고 작아진 옷가지와 장난감을 내다 파는 아이들도 꽤 있다.

목적은 다양하다. 부모님 결혼기념일 선물을 준비한다든가, 한정판 '숍킨스(손가락보다 작은 고무 인형)' 컬렉션을 사야 한다든가, 친구들 파티에 입고 갈 옷을 사야 한다 등등.

개인적인 목적뿐 아니라 공공의 이익을 위해서도 아이들은 판매와 영업을 자주 경험한다. 뉴저지에 있는 엘레노어밴길더 초등학교(Eleanor Van Gelder School)에서는 학년 말이 되면 아이들에게 '돈을 벌어오라(Fund raising)'고 시킨다. 자신이 생활했던 교실에 새로 들어올 후배들을 위해 책, 물티슈, 연필 같은 물품을 새로 사주기 위해서다. 아이들은 후배들을 위해 열심히 돈 벌 아이디어를 짜고 모금을 한다. 자동차를 세차해 주겠다는 티켓을 만들어 동네 사람들에게 팔기도 하고, 책갈피나 휴대폰 거치대를 만들어 지나가다 얼굴 한두 번 본 아주머니한테 내밀기도 한다.

나도 이 학교 다니는 아이에게 2달러 주고 물건을 산 적 있다. 놀이터에서 몇 번 마주쳤던 아이였는데, 느닷없이 의문의 물질을 내밀더니 한 개에 1달러라며 사라고 했다.

"왓(What)? 이걸 사라고?"

그것은 반투명한 초록색이며, 매우 끈적끈적하며, 차가웠으며 도저히 어디에 쓰는 물건인지 가늠조차 하기 어려운 물질이었다 (솔직히 시금치를 먹다가 뱉어낸 가래 같았다). 그네를 타다 뛰어온 딸들은 갑자기 그 역겨운 초록색 물질을 만지면서 사달라고 했다. 그 바람에 난 2달러를 내주고 말았다. 알고 보니 그것은 가래가 아니라 '슬라임'이라고 부르는 장난감 겔(gel)이었다. 시울이와 초울이는 가래 같은 슬라임을 조몰락거리며 "진짜 멋지다(Really cool~)"를 남발했다.

자녀가 미취학 연령이라면 레모네이드 스탠드에 도전해보자.

뉴욕주에서 7세 아이가
판매허가증 없이 레모네이드를 팔다가
주 보건국으로부터 제재를 당했다.
이 소식을 들은 뉴욕주지사는
허가증 받는 비용을 대신 내주겠다며 아이를 지지했다.
곧이어 주상원의원은 어린이들이 허가증 없이도
레모네이드를 판매할 수 있도록 하는 법안을 상정했다.

미국 아이들은
사회의 지지를 받으며
돈 버는 법을 배워나간다.

여긴 미국이 아니니, 장소는 집이 좋겠다. 아이가 제조·판매자, 부모나 형제자매가 소비자다. 레몬, 설탕, 물 등의 재료를 지원해 주고, 영업이 종료된 후 재료비는 회수한다. 요즘 장사하는 사람들을 가장 괴롭히는 건 높은 임대료다. 현실을 반영해 아이에게 소정의 임대료를 챙겨도 좋다. 일손이 부족할 땐 가족 중 한 명을 직원으로 고용하는 것도 가능하다. 소꿉놀이나 병원놀이 같은 역할 놀이의 한 종류처럼 보이지만, 경험의 폭과 깊이는 사뭇 다르다.

레모네이드를 판매하는 과정에서 아이는 원가, 수요와 공급 법칙, 시장가격 같은 경제 개념과 시장 경제 원리를 깨우치게 될 것이다. 아이가 건넨 레모네이드 한 잔이 '인생 레모네이드'가 될 지어다!

슈퍼리치의 공통점은
자신의 힘으로 부를 일군
'창업가'

아이들이 돈 버는 방법은 의외로 다양하다. 아이들은 보통 돈을 번다고 하면 '근로소득'을 생각한다. 근로소득은 고용주에게 노동을 제공하고 대가를 받는 소득이다. 아이들이 아르바이트로 번 돈은 근로소득이다. 회사에 다니는 직장인과 학교에서 학생을 가르치는 교사, 정부부처에서 일하는 공무원, 신문사에서 기사를 쓰는 기자 모두 근로소득을 번다.

소득은 근로소득만 있는 게 아니다. 사업을 통해 얻는 '사업소득'도 있다. 기업을 운영하는 사장님, 동네 치킨집 사장님은 둘 다 사업소득을 얻는다. 직접 사무소를 연 변호사와 혼자 책을 쓰는 작가도 사업소득자다.

길거리에서 레모네이드 스탠드를 하는 미국 아이들도 말하자면 '꼬마 사업자'다. 비록 법 테두리 안에 있는 그럴듯한 사업자는 아니겠지만……. 미국 아이들은 스스로 사업자가 되어 판매와 영업을 체험할 기회가 잦다. 집에서 창고세일을 하고, 학교에서 기업가 체험을 하며, 각종 기금 모금을 위해 아이들이 직접 물건을 파는 경우가 많다.

아이들에게 근로소득뿐 아니라 사업소득 얻는 방법을 체험하게 하는 것은 가치를 창출하는 다양한 방식을 알려주는 계기가 된다. 비교적 쉽게 사업소득을 체험하는 방법은 벼룩시장에서 아이가 직접 물건을 팔아보게 하는 것이다. 판매 물건 선정부터 가격 산정, 마케팅, 고객 응대, 결산까지 아이가 작업을 주도하게 하자. 실제 시장에서 벌어지는 경제 활동을 압축적으로 경험할 수 있다. 벼룩시장에서 번 돈을 어떻게 사용할지에 대해서도 미리 이야기를 나누는 것이 좋다. 소득 일부를 기부하도록 하면 나눔의 즐거움을 덤으로 얻게 된다.

가정과 이웃집에서 일을 해보고 밖에서 아르바이트나 물건 판매를 하다 보면 가끔 스스로 사업을 구상하는 아이들이 나온다. "이런 사업 아이디어 어때?"라고 자녀가 얘기했을 때 부모가 어떤 반응을 보여줘야 할까? "쓸데없는 생각하지 말고 공부나 해"라고 핀잔을 주거나, "무슨 아이디어인데? 어디 한번 들어보자!"

아이들에게 근로소득뿐 아니라 사업소득 얻는 방법을 체험하게 하는 것은 가치를 창출하는 다양한 방식을 알려주는 계기가 된다.

라고 진지하게 함께 고민해주거나 두 가지 반응이 있다.

사실 아이의 사업아이디어는 엉뚱하고 현실성이 없을 가능성이 높다. 그렇다고 아이를 무시하고 혼낸다면 부모가 아이의 도전의식과 창의성을 무너뜨리는 결과를 가져올 수 있다.

얼마 전 만난 지인이 딸 이야기를 하며 한숨을 푹푹 쉬었다.

"커서 뭐가 되려고 그러는지, 요즘 자꾸 '유튜버'를 하겠다고 그러네."

걱정하는 그분께 한 마디 날렸다.

"아재요. 걱정 붙들어 매소."

'유튜버'는 동영상 플랫폼인 유튜브에 직접 만든 동영상을 많이 올리는 사람을 말한다. 동영상이 인기를 끌어 구독자가 늘면 광고 수익을 얻을 수 있다. 전 세계에 18억 명에 달하는 유튜브 이용자가 있다. 한국 아이들도 텔레비전 대신 유튜브를 보고, 포털사이트 검색 대신 유튜브를 검색한다. 자신이 좋아하는 것을 동영상으로 찍어 유튜브에 올리는 아이들이 내 주변에도 여럿 있다.

'유튜버'가 된다는 아이에게 잔소리하는 아빠는 시대 흐름을 못 읽는 '아재' 소리 듣기 딱 좋다. 오카리나 피리를 좋아하는 아이가 또래의 눈높이에 맞춰 오카리나 연주법을 강의하는 동영상을 찍어 유튜브에 올려 주는 아빠도 있다. 유튜브에 동영상을 어떻게 올리면 되느냐고? 그 방법 역시 유튜브에서 찾아보시라.

아리스토텔레스는 '시작이 반'이라 했고, 토머스 에디슨은 '실패는 성공의 어머니'라 했다. 어린 시절 엉뚱한 아이디어로 시작한 창업 체험이 훗날 훌륭한 최고경영자(CEO)를 탄생시키는 밑거름이 될 수도 있다. 「포브스」 선정 세계 최고 부자인 빌 게이츠는 고등학교 시절 친구들과 창업을 했다.

열여섯 살에 '트래포데이터(Traf-o-Data)'라는 회사를 설립해도로 교통상황 정보를 제공하는 기계를 직접 만들고 사업을 시작했다. 빌 게이츠의 아버지는 아들의 창업을 허락하고, 공무원을 대상으로 한 시연회를 집에서 열도록 하는 등 측면에서 지원했다. 비록 기계를 사는 사람이 없어 사업은 실패했지만, 이 경험은 4년 뒤 빌 게이츠가 스무 살 되던 해에 마이크로소프트를 설립할 수 있는 디딤돌이 되었다.

주변에서 사업에 관심을 보이는 아이들을 종종 만난다. 뉴욕 롱아일랜드에 사는 열다섯 살 박민석 군은 평소 신발에 관심이 많았다. 하지만 브랜드 신발 가격이 만만치 않았고, 부모님은 한 번에 여러 켤레를 사주지 않았다. 민석이는 갖고 싶은 신발을 구할 궁리를 하다 아예 온라인에 신발가게를 차려버렸다. 워낙 신발에 관심이 많다 보니 신발을 파는 온라인몰은 나름대로 자신이 있었다. 비즈니스 구조는 한정판이나 '희귀템(구하기 아주 힘든 아이템)' 신발을 발 빠르게 구입한 뒤 매니아에게 되파는 것이다. 민석이의 고객은 미국 현지뿐 아니라 한국에도 있다. 주문이 몰리거나 세금 신고를 할 때는 혼자 하기 버거워 가족들을 종업원으로 채용하기도 한다.

민석이 부모님은 솔직히 민석이가 조금 걱정스럽기도 하다고 말했다. 하루에 몇 시간씩 온라인몰 업무로 시간을 보내고 있기 때문이다. 그래도 온종일 게임에 빠져 있는 것보다는 생산적이라고 위안한다고 한다. 민석 어머니는 "아들이 어떻게 사업을 끌고 나갈지 일단 지켜보기로 했다"며 "이 나이에는 스스로 하고 싶은 것에 도전해 실패도 하고 성취감도 맛보게 하는 것이 최고의 교육이라 생각해, 도울 일이 있으면 돕고 있다"고 말했다.

청소년도 법적으로 창업할 수 있다. 세무서에 개인사업자 등록을 신청하면 된다. 챙겨야 할 서류가 많고 서류 작성이 생소하긴 하겠지만 크게 어렵지 않다. 비용도 들지 않는다.

실리콘밸리 채용 면접에
꼭 나오는 단골 질문이 있다.
"어떤 실패를 해봤는가?"

실패한 경험은 성장의 발판이 된다.
돈에 있어서도 마찬가지다.
어린 시절 돈에 얽힌 실수도 경험해봐야
스무 살, 서른 살에
경제적 실패를 덜 겪게 된다.

아이가 창업하기로 마음먹었다면 사업자 등록 역시 스스로 준비하도록 격려해주자. 아직 미성년자이기 때문에 부모(법정대리인) 동의서와 납세관리인 설정 신고서를 첨부해 사업자 등록을 신청해야 한다. 납세관리인 설정 신고서의 경우 납세자는 사업을 하게 될 아이의 이름을 넣고, 납세관리인은 아버지나 어머니 또는 보호자의 이름을 적어 넣는다. 별도의 사업장을 갖췄다면 임대차계약서 사본을 첨부해야 한다. 집이 사업장이라도 전세나 월세인 경우에는 임대차계약서가 필요하다.

만약 온라인몰을 운영하려고 한다면 추가 절차를 거쳐야 한다. 통신판매신고를 해야 하기 때문이다. 개인사업자등록증과 사이트도메인, 구매안전서비스(에스크로) 이용 확인증 같은 서류를 준비해서 구청에 제출하면 된다. 사업자등록과 통신판매신고를 하지 않으면 나중에 과태료를 내거나 세금을 추징당할 수 있다.

실패는 삶의 자연스러운 과정이다. 실패에 인색한 사회를 사는 우리는 실패를 극도로 두려워한다. 하지만 우리는 실패하며 성장한다. 돈에 있어서도 마찬가지다. 어린 시절 돈에 얽힌 실수도 경험해봐야 스무 살, 서른 살에 경제적 실패를 덜 겪게 된다.

'개천 용'의 화려한 비상

●

방준혁

"제가 사회에 진출하려던 시점인 1900년대에는 게임을 직업으로 삼겠다고 하면 불량학생 취급받으며 어른들한테 두들겨 맞았지요. 지금 게임개발, 게임퍼블리셔(외부에서 개발한 게임의 유통서비스를 대행해주는 사업)는 사람들이 가장 선호하는 직업 중 하나가 됐습니다. 미래를 보고 도전하세요. 현실에 안주하면 성공의 기회는 오지 않습니다."

한국 50대 부자이며, 게임업계 대부이자, 중졸 신화로 유명한 방준혁 넷마블 이사회 의장이 어느 강연에서 한 말이다. 스스로 '흙수저' 기업인이라 말하는 방준혁은 돈도, 빽도, 학벌도 내세울 게 없다. 도전과 열정이 그의 유일한 무기였다.

서울 구로구 가리봉동 공장 지역에서 살던 그는 지독히 가난한 유년시절을 보냈다. 초등학생 시절 학원에 다니고 싶어 4개월 동안 신문 배달을 하기도 했다. 최종 학력은 중학교 졸업, 고등학교 중퇴다. 집안 형편이 어려워 대학에 진학할 수 없었던 데다, 그의 꿈이 '대학 나온 회사원'이 아니었다는 이유로 고등학교를 자퇴한 것으로 전해진다.

학업을 접고 창업에 도전했지만 크게 실패했다. 주문형비디오(VOD) 서비스 사업과 위성 인터넷 방송 사업을 시작했다 연달아 문을 닫았다. 넷마블은 세 번째 창업이었다. 두 번의 큰 좌절은 약이 됐다. 방준혁은 실패를 뼈저리게 체험하며 어떻게 하면 망하지 않는지 배우게 됐고, 두 번의 실패가 넷마블 성공의 토대가 됐다고 했다.

방준혁은 2000년 넷마블을 창업했다. 회사는 약 2년간 고전을 면치 못했다. 적자에 시달리던 넷마블은 게임포털 전면 유료화를 단행했다. 업계 사람들은 게임포털이 너무 많아 이용자가 분산되는 시점에서 유료화는 무모한 시도라고 비웃었다. 하지만 그들의 예상과 달리 넷마블은 승승장구했다.

방준혁은 넷마블을 창업한 지 4년 만에 CJ그룹에 매각해 1000억 원대 부자로 등극하고, 서른아홉에 은퇴를 했다. 그런데 어찌 된 일인지 방준혁 없는 넷마블은 추락하기 시작했다. 학벌

좋은 인재들이 대거 몰려있는 대기업이 중졸 경영인 한 명을 대체하지 못하고 휘청거렸다. 결국, 은퇴한 지 5년 만인 2011년에 방준혁은 넷마블 '구원투수'로 화려하게 복귀했다. 추락하는 잠수함에 올라타지 말라는 주위의 만류를 뒤로하고 그는 다시 도전을 선택했다.

복귀 후 그는 넷마블을 글로벌 3위 모바일 게임사 반석 위에 올려놓으며 또 한번 '방준혁 매직'을 입증했다. 주가 상승으로 자산 2조 원대 부자가 된 것은 목숨 걸고 다시 전쟁터로 뛰어든 그에게 그저 뒤따라 온 결과일 뿐이었다.

후배들이 방준혁에게 성공의 비결을 묻자, 그는 "젊을 때 도전하고 젊을 때 실패하라"고 답했다. 어느 대학을 나왔는지, 어느 지역 출신인지, 부모가 어떤 사람인지가 성공의 기준이 되지 않는 세상을 만들어 가고 있는 혁신가. 그가 바로 방준혁이다.

방준혁은 "자신의 한계를 스스로 결정짓지 말고, 스스로를 과소평가 하지 말라"고 강조한다.

3rd NTP

NETMARBLE

Chapter 5

버는 것만큼 중요한
돈 쓰는 기술

"이 돈으로 필요한 거 사" 한 마디의 치명적 위험

설날. 가족들이 모두 모인 자리에서 돈이 오간다. 어른들은 세배한 아이들에게 세뱃돈을 준다. "우리 예쁜이들. 갖고 싶었던 것 사"라고 말하며 몇만 원씩 쥐여준다. 작은 아이들이 받은 세뱃돈은 엄마들 지갑으로 쏙 들어가고, 큰 아이들이 받은 세뱃돈은 보통 아이들이 직접 챙긴다. 누구 주머니에 들어가든 상관없다. 아이들은 오랜만에 꽤 많은 돈을 받아 신이 난다. 설날이면 대부분 가정에서 벌어지는 이 평범한 장면에는 아이들의 경제관을 망칠 수 있는 어른들의 치명적인 실수가 숨어있다. 무엇일까?

바로 어른들이 아이들에게 '돈을 소비하라'는 생각을 심어주었다는 점이다. 우리는 무심코 "필요한 거 사, 맛있는 거 사 먹어,

장난감 사"라고 말하며 조카나 친구의 아들딸에게 돈을 준다. 그러나 그것은 사실상 아이들에게 돈의 목적을 지정해주는 효과가 있다. 우리가 돈을 주며 이렇게 말하는 순간 '무엇인가 사라'는 명령이 아이의 머릿속에 전달되는 셈이다. 이것은 아이들이 '돈=소비'라고 인식하게 하는 도화선이 된다.

몇 개월 뒤 설날에 받은 세뱃돈이 어디로 갔는지, 어떻게 쓰였는지 아는 사람은 별로 없다. 작은 아이들이 받은 세뱃돈은 엄마의 지갑에 있다가 과일 가게로 갔을 수도 있고 떡볶이 가게에 갔을 수도 있다. 큰 아이들이 직접 챙긴 세뱃돈 역시 바람처럼 사라지긴 마찬가지다. 동네 문구점에서 포켓몬스터 카드 수십 장을 사는 데 쓰였을 수도 있고, 게임 아이템을 얻는 데 쏟아 부었을 수도 있다. 어른들이 아이들에게 돈을 주면서, 돈을 어떻게 써야 할지 제대로 알려주지 않은 결과다.

아이들에게 돈이란 어떤 존재일까? 많은 아이들이 돈을 '무엇을 살 수 있는 것'이라고 인식한다. 그러다 보니 돈이 생기면 써버리는 데 치중한다. 하지만 아이들이 돈을 가치 있게 쓰는 방법에 대해 배우고 나면 돈을 다르게 보기 시작할 것이다. 단지 무엇을 사기만 하는 것이 아니라 모아둘 수도 있고, 불릴 수도 있고, 나눌 수도 있다는 사실을 깨우치게 된다는 말이다.

"이 돈으로 필요한 거 사."

아이에게 돈을 주며
무심코 건넨 이 한 마디가

아이가 '돈=소비'라고 인식하게 하는
도화선이 된다.

미국 하버드대학교에서 소비와 행복의 연관성에 대해 연구해 온 마이클 노턴(Michael Norton) 교수의 설명을 들어보자. 노턴 교수는 "행복의 크기는 돈을 얼마나 버는가보다 돈을 어떻게 쓰는가에 달렸다"고 말했다. 노턴 교수가 세계 각국 사람들을 대상으로 조사해봤더니 물건을 구매하는 데 돈을 썼을 때보다, 무엇인가 경험을 하는 데 돈을 썼을 때 행복감이 더 컸다. 새 옷과 스마트폰을 살 때보다 여행을 가고 드럼을 배울 때 느끼는 행복이 크다는 얘기다. 또 나에게 돈을 쓸 때보다 남을 위해 돈을 쓸 때 행복감이 더 큰 것으로 조사됐다. 노턴 교수의 연구팀으로부터 5달러를 받아 스타벅스 커피 한 잔을 사서 본인이 마신 사람보다 남에게 커피를 사 준 사람이 더 큰 행복감을 느낀 것으로 나타났다.

그동안 우리는 좀 더 행복하게 돈을 쓰는 방법에 대해 고민해 본 적이 있었던가? 남편 연봉이 얼마냐, 친구가 이사한 집값이 얼마냐, 형님네 새 차가 얼마짜리냐. 온통 '얼마'에만 관심이 있을 뿐, '어떻게'에 대한 관심은 없었다. 이제부터라도 돈을 어떻게 행복하게 쓸 것인가에 대해 고민을 해 볼 필요가 있다. 그래야 아이들에게도 행복하게 돈 쓰는 방법을 알려줄 수 있다.

돈이 얼마나 있어야
부자일까?

원래부터 돈은 인간의 삶에서 목적이 아닌 수단이었다. 필요한 물건을 구하고 가치를 측정하고 부를 축적하기 위한 수단으로 탄생한 발명품이 바로 '돈'이었다.

구석기 시대에는 서로 필요한 것을 물물교환하다 신석기 시대에 들어서 소금이나 조개, 가죽 같은 실물화폐를 사용해 물건을 주고받았다. 금속화폐가 만들어진 것은 기원전 8세기경이다. 중국에서 농기구와 칼 모양을 본떠 만든 '포전'과 '도전'이 지금까지 알려진 최초의 금속화폐다. 기원전 7세기에는 터키 북서부 지역에 있던 리디아 왕국에서 금과 은을 섞어 동그란 형태의 주화를 만들어 사용한 것으로 전해진다. 리디아 주화는 현재 쓰이고 있는 동전의 기원으로 불린다.

지폐 형태의 돈은 10세기 들어 중국 송나라에서 '교자'라는 이름으로 발행된 것이 최초인 것으로 알려졌다. 우리가 매일 긁고 있는 신용카드는 1851년 미국에서 처음 등장했고, 2009년에는 온라인 가상화폐인 비트코인이 거래되기 시작했다. 이렇게 돈은 5000년 동안 인류의 삶과 함께 필요에 따라 형태를 바꾸며 진화해왔다.

재미도 없는 돈의 역사를 군이 언급하는 이유는 돈을 수단이 아닌 인생의 목표로 인식하는 아이들이 너무나 많아서다. 언제인가 시율이가 "나는 커서 부자가 될 거야"라고 말한 적이 있다. 마트에서 '시크릿쥬쥬' 장난감을 한참 만지작거린 뒤였을 거다. 시

중국 춘추시대 중기부터 전국시대까지 사용된 청동화폐 포전. 최초의 금속화폐다.

울이는 돈을 엄청나게 많이 벌어서 갖고 싶은 것을 모두 사고 싶다고 했다.

그때 시울이에게 돈의 역사에 관해 이야기해줬다.

"옛날에는 신기하게도 돌이나 아몬드나 깃털 같은 것이 돈이었어. 네가 읽었던 『톰소여의 모험』에서 톰소여가 죽은 고양이하고 돼지 오줌 주머니 같은 이상한 물건을 친구들 딱지랑 바꾸잖아. 그땐 그런 물건이 돈의 역할을 하는 거야. 그런데 네 꿈이 단지 돈을 많이 버는 거라면, 뭔가 중요한 것을 놓친 것 같지 않아? 돈은 그냥 무엇인가 하기 위한 도구일 뿐인데 말이야."

난 두 딸에게 "돈을 많이 버는 사람 말고 돈을 벌어서 무엇을 하며 살지 꿈꾸는 사람이 됐으면 좋겠다"고 말해줬다. 여기까지는 분위기가 좋았다. 평소 내가 고민해왔던 돈에 관한 개념을 아이들에게 얘기해줄 수 있어서 뿌듯했고 아이들은 고개를 끄덕끄덕하며 이해하는 듯했다.

그런데 시울이가 느닷없는 질문을 했다.

"엄마, 돈이 얼마나 있어야 부자야?"

'아. 이것은 평소 생각해보지 않았던 문제인데……'

일단 급하게 생각나는 대로 답했다.

"내가 하고 싶은 것을 돈 때문에 못 하는 일이 없다면, 그게 부자 아닐까?"

돈을 밝히면 돈의 노예로 살지만,
돈에 밝으면 돈의 주인으로 산다.
돈의 가치를 알고
쓰임을 제대로 이해해야
돈의 주인이 된다.

부자가 되고 싶다는 아이들은 많지만, 부자가 무엇인지, 부자가 되어 무엇을 해야 하는지 가르쳐주는 어른들은 별로 보지 못했다. 나조차 40년 넘게 살면서 배워본 적이 없으니 말이다.

부자의 사전적 정의는 '재물이 많아 살림이 넉넉한 사람'이다. 그러나 '많다'와 '넉넉하다'는 지극히 주관적인 개념이다. 부자를 정의 내리기 쉽지 않은 이유다. 과거에는 부자를 말할 때 흔히 '백만장자(Millionaire)'라는 용어를 썼다. 100만 달러, 우리 돈으로 10억 원 정도를 가진 사람이다. 1719년 미국의 금융가인 스티브 펜티먼(Steven Fentiman)이 이 용어를 처음 사용했다. 무려 300년 전 얘기다. 요즘은 '억만장자(billionaire)'란 용어를 더 많이 쓴다.「포브스」도 매년 자산 10억 달러, 우리 돈 1조 원을 기준으로 억만장자 순위를 발표한다.

그렇다면 1조 원 이상을 보유한 자산가들은 스스로 부자라고 느끼며 만족할까? 인류 역사상 최고 거부로 꼽히는 미국의 석유 사업가 존 데이비슨 록펠러(John Davison Rockefeller, 1839~1937년)는 수천억 달러의 재산이 있음에도 "얼마큼 돈이 있어야 충분하다고 느끼는가?"라는 질문에 "조금만 더(Just a little more)"라고 답했다. 지극히 상대적이고 지극히 주관적이어서 금액으로는 재단할 수 없는 것이 바로 '부자'의 정의다.

누군가는 부자를 '돈 걱정 없이 살 수 있는 사람'이라 말했다. 누군가는 '노동 없이 필요한 생활비를 이자소득으로 얻을 수 있는 사람'이라고 했다. 자신의 신념을 지키며 살아갈 수 있을 만큼의 돈, 누군가에게 의지하지 않고 자유롭게 원하는 것을 가질 수 있을 만큼의 돈이 있으면 부자라고 생각하는 사람도 있다.

영국 작가 버지니아 울프(Virginia Woolf, 1882~1941년)는 『자기만의 방』에서 사는 데 필요한 돈의 규모를 이렇게 규정했다.

"무슨 수를 써서라도 여행하고 빈둥거리며, 세계의 미래와 과거를 성찰하고, 책을 읽고 공상에 잠기며, 길거리를 배회하고, 사고의 낚싯줄을 강 속에 깊이 담글 수 있기에 충분한 돈을 여러분 스스로 소유하길 바란다."

부자를 꿈꾸기 전, '부자'에 대한 자신만의 정의를 내려보기 바란다.

돈 관리,
부모에게 맡겨서는 안 된다

다시 설날 세뱃돈을 주는 장면으로 돌아가자. 어른들이 저지른 실수가 더 있다. 바로 부모가 아이의 세뱃돈을 부모 지갑에 챙기는 것이다. 아이가 너무 어려 돈에 관한 개념이 없다고 해도 부모 지갑에 아이가 받은 돈을 넣으면 안 된다. 돈의 주인은 아이다. 부모는 아이에게 돈의 소유 개념을 알려줘야 하고, 돈을 어떻게 쓸지는 아이가 결정하도록 해야 한다. 부모는 자녀의 돈을 맡아주는 사람이 아니라, 자녀가 어떻게 하면 돈을 지혜롭게 사용할 수 있는지에 대해 가르쳐주는 역할을 맡아야 한다.

그렇다면 아이들에게 돈을 지혜롭게 관리하는 방법을 어떻게 가르칠 수 있을까? 부모가 집에서 아이와 함께 한 가지를 습관화하면 길을 찾을 수 있다. 바로 '돈에 꼬리표 붙이기'다. 쓰고자 하는 용도에 따라 돈에 꼬리표를 붙여 나눠 담는 것이다.

예를 들어 소비, 저축, 투자, 기부의 네 가지 용도에 따라 저금통이나 통장을 만들 수 있다. 용돈, 세뱃돈, 집안일 또는 아르바이트로 번 돈 등 어떤 돈이라도 열외는 없다. 돈이 생기면 네 가지 통에 나누어 넣었다가 용도에 맞게 꺼내 쓰도록 하는 것이다.

먼저 '소비통'에는 먹고 사고 놀기 위한 돈을 담는다. 떡볶이를 먹거나 예쁜 볼펜을 사거나 친구와 영화를 보는 데 쓰는 돈이다. 별 설명을 해주지 않아도 소비통에는 아이들이 척척 알아서

돈의 주인은 아이다. 부모는 자녀의 돈을 관리해주는 사람이 아니다. 돈을 어떻게 쓸지는 전적으로 아이가 결정하도록 해야 한다.

돈을 넣고 꺼내 쓴다.

그런데 소비통을 제외한 나머지 통들은 아이들에게 설명해줘야 한다. '저축통'에 넣는 것은 오랫동안 차곡차곡 모아 아이가 컸을 때 독립자금으로 쓸 돈이다. '투자통'에는 본인을 성장시킬 수 있는 체험에 쓸 돈을 담는다. 마지막으로 '기부통'에는 남을 위해 기부하는 돈을 넣는다.

꼬리표는 구체적일수록 좋다. 꼬리표에 구체적으로 돈의 목적을 적어놓기 위해서 1장에서 소개한 '가족 인생 설계도'가 필요하다. 왜 돈이 필요한지, 언제 얼마나 쓸 것인지 적어서 저금통 또는 통장에 붙여놓는다.

우선 '저축통'에는 가족 인생 설계를 하며 정해놓은 자녀의 독립시기를 적어 넣는다. 독립시기를 스무 살로 정했다면 대학등록금부터 모아야 한다. 독립시기를 취직 이후로 정했다면, 결혼자금 마련 또는 내 집 마련을 목표로 한다. '애가 아직 초등학생인데 웬 결혼자금? 웬 내 집 마련?' 십중팔구는 이렇게 생각할 수 있다. 하지만 자녀 독립자금을 미리 준비하지 않은 가족은 10년, 15년 뒤 반드시 후회하게 된다는 사실을 잊지 말자. 저축통에 모아놓은 돈은 한 달에 한 번 결산하며 은행 예금 또는 적금 통장, 주식, 펀드 등 돈을 굴릴 수 있는 계좌로 옮겨놓으면 좋다.

'투자통'은 특별한 통이다. 아이들의 꿈을 위해 쓸 자금을 모아놓는 곳이기 때문이다. 우리가 흔히 얘기하는 '투자'라는 단어는 부동산, 주식, 채권 등을 살 때 많이 쓰이는 데, 그것은 좁은 의미다. 넓은 의미에서의 투자는 미래의 이익을 위해서 돈과 시간, 노력을 쏟는 것이다. 아이가 가족 인생 설계를 하며 세운 크고 작은 꿈들을 실현하기 위해 투자통에 꿈을 적어 넣고 부지런히 돈을 모아보자. 여행, 어학연수, 댄스학원, 사진기, 새 노트북, 새 휴대폰 모두 투자통 꿈 목록에 들어갈 수 있다. 투자통에 모아놓은 돈 역시 한 달에 한 번 결산해 금융회사 계좌로 이체하자.

저축은 독립을 위한 장기적인 계획에 따라, 투자는 여러 가지 꿈을 이루기 위한 단기·중기 계획에 따라 각각 관리해야 한다.

꿈을 이루기 위한 자금을 모아 놓는 투자통에는 아이의 꿈을 적어 놓자.

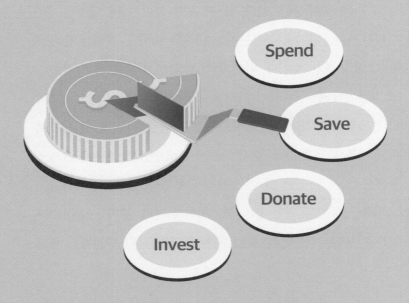

돈에 꼬리표 다는 법

1. 어디에 돈을 쓸지 돈의 용도 정하기
2. 용도만큼 저금통 또는 통장 만들기
3. 각각 통에 꼬리표를 적어 붙이기
4. 통마다 돈을 얼마나 분배할지, 분배 비율 결정하기
5. 매달 결산일 정해서 결산하기

그래야만 자녀가 독립할 때까지 저축통장에서 중도 인출 없이 차곡차곡 돈을 모을 수 있다.

마지막으로 '기부통'이다. 이 통은 꼭 만들었으면 한다. 아이가 '나도 남에게 작은 도움을 줄 수 있다'는 행복을 느끼게 하는 통이다. 그러면서 아이는 공동체가 무엇인지, 나에게 주어진 환경이 얼마나 감사한지 느낄 수 있다. 소아암 환자 돕기, 독거 노인 지원, 멸종 위기 동물 구하기 등 전 세계 도움의 손길이 필요한 곳을 아이와 함께 찾아보고 매년 기부 대상을 결정해 기부통에 적어놓는다.

돈을 어떻게 쓸지 결정하는 것은 돈 주인의 권한이다. 어느 통에 돈을 얼마나 나누어 넣고 어떤 꼬리표를 붙일지 아이의 의지를 전적으로 존중해줘야 한다. 다만 부모가 돈에 꼬리표를 붙이고 여러 가지 통에 돈을 나누어 담아 쓰는 방법을 알려주면서 가이드를 해 줄 수는 있다.

두 딸에게는 소비, 저축, 투자, 기부 비율을 3 : 3 : 3 : 1 정도로 나누어 넣는 방법이 좋겠다고 말해줬다. 당장 써 버리고 마는 소비에 많은 비중을 두기보다는 조금씩이라도 미래를 준비하는 습관을 들였으면 하는 바람에서다. 고맙게도 두 딸은 "엄마 말에 찬성한다"고 했다. 막상 통에 돈을 집어넣을 땐 그 비율을 잘 지키지 않지만……

욕망을 조절하는
통장 쪼개기

돈을 담는 통은 어떤 것으로 하면 좋을까? 저금통을 사도 좋고, 만들어도 좋다. 미국에서 10여 년 전 대유행했던 돼지저금통이 있다기에 찾아봤더니 딱 원하던 것이었다. 저금통 한 개에 소비(spend), 저축(save), 투자(invest), 기부(donate)의 용도대로 저금할 수 있도록 칸이 나뉘어 있다. 그런데 가격이 만만치 않다. 온라인 쇼핑몰인 아마존에서 한 개에 20달러(2만 1900원)나 한다. 애들 소비통에 있는 돈이 20달러도 채 안 되는데……. 배보다 배꼽이 더 크게 생겼다.

결국 빈 물병으로 저금통을 만들기로 했다. 두 딸에게 각각 물병 네 개와 색종이를 줬더니 "와~"하고 함성을 지르며 달려들어

신 난다고 재잘거리면
서 저금통을 만들었다.
역시 애들은 '만들기'가
진리다. 저금통을 만들
때는 속이 보이는 투명
한 물병이나 음료수병
을 활용해 어느 정도 돈을 모았는지 눈으로 확인할 수 있도록 하
는 것이 좋다. 칼로 각 물병에 돈을 넣을 홈을 판 후 아이들에게
꼬리표를 달고 예쁘게 꾸미라고 하면 된다. 여러 개의 물병이 따
로 돌아다니지 않도록 리본으로 묶거나 글루건을 이용해 붙여주
면 편리하다.

두 딸은 자기들 마음대로 오리고 붙이고 그리더니 다소 난감
한 저금통 여덟 개를 만들었다. 인터넷을 뒤져 예쁜 저금통 만드
는 방법을 찾아줬더니 소용이 없었다. 그래도 아이들 것이니까
아이들이 알아서 하라고 했다.

저금통을 마련했으면 한 달에 한 번씩 결산일을 정한다. 결산
일에 통을 털어 각각 꼬리표 달린 통장에 나누어 넣도록 한다. 그
러기 위해서는 통장이 적어도 네 개는 있어야 한다. '재테크 달
인'들이 활용한다는 이른바 '통장 쪼개기'를 어릴 때부터 습관화
하는 셈이다.

속이 보이는 투명한 물병이나 음료수병으로 저금통을 만들면 돈을 어느 정도 모았는지 눈으로 확인할 수 있어 좋다.

통장 쪼개기는 돈의 사용처에 따라 통장을 따로따로 만들어 관리하는 것을 말한다. 월급통장에 월급이 들어오는 즉시 소비통장, 적금통장, 대출상환통장, 투자통장, 비상금 통장 등에 자동이체하도록 만들어 놓는 것이다. 무분별한 소비로 통장에 월급이 들어오기 무섭게 카드값으로 털리는 사람과 통장 쪼개기로 계획적인 관리를 한 사람의 10년 후 미래는 완전히 다르다.

하물며 어릴 때부터 돈에 꼬리표를 달고 관리하는 습관을 키운 아이의 20년, 30년 후 미래는 아무 생각 없이 용돈을 써버린 아이와 엄청난 차이가 나게 될 것이 분명하다.

아이가 만 12세 이상이면 저금통을 건너뛰고 곧장 네 개의 통장을 만들어 돈을 관리하면 편리하다. 이땐 소비통장과 연계한 체크카드를 사용할 수 있다. 체크카드 사용 내역을 확인하면 용돈 기입장을 따로 쓰지 않아도 돈이 들어오고 나가는 것을 관리할 수 있다. 체크카드는 통장 잔액 이내에서만 결제되기 때문에 카드빚이 생길 걱정이 없는 것도 장점이다.

각종 카드, 페이, 전자결제 등 지급결제 수단이 다양해지면서 거래 시 현금 사용 빈도가 줄어들었다. 꼬마들의 마트 놀이 장난감만 봐도, 모형 돈과 함께 카드가 꼭 들어 있다. 그러다 보니 아이들은 카드만 있으면 무엇이든 살 수 있다고 생각한다. 장난감 사달라고 때 쓰는 아이에게 돈이 없어서 안 된다고 했더니, 아이가 "카드로 사면 되잖아요"라고 했다는 얘기는 남의 집 이야기가 아니다. 소비통장과 연계한 체크카드가 있으면 아이에게 자연스럽게 신용카드 거래 구조와 '신용'의 개념을 알려줄 수 있다.

미성년자도 체크카드를 발급받을 수 있을까? 정답은 'Yes'. 만 12세부터는 직접 본인 명의의 은행 계좌를 만들어 현금카드나 체크카드를 발급받을 수 있다. 다만 하루 결제금액 3만 원, 월 결제금액 30만 원으로 사용 금액 한도가 있다. 체크카드를 만들 땐 후불교통카드인 '티머니'를 탑재한 카드를 만들면 편리하다.

은행 통장은 만 12세 미만이라도 만들 수 있다. 다만 최근에

하나의 통장으로 돈을 관리하면
수입과 지출을 제대로 파악하기 어렵다.
**통장 쪼개기는 욕망을 조절하는
가장 쉬운 방법이다.**

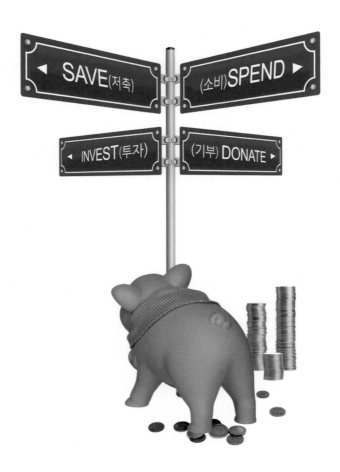

대포통장 사고를 막기 위해 미성년자 계좌 개설 절차가 다소 까다로워졌다. 신분증만 가지고 갔다가는 십중팔구 다시 집에 돌아와야 한다. 가족관계증명서나 자녀 도장 등 은행마다 요구하는 것이 조금씩 다르다. 반드시 사전에 은행지점에 전화해 필요한 서류를 물어보고 준비하는 것이 좋다(자녀 명의 통장 만들기 293쪽 참조).

아이들에게 엄카(엄마카드), 아카(아빠카드)는 애초에 주지 않는 편이 낫다. 엄카, 아카는 아이를 캥거루족으로 키우는 지름길이다. 아이가 스스로 돈을 벌어보고 그 돈을 본인 명의의 통장에 저축해보고 본인 명의의 카드로 소비하는 습관을 길러야 한다. 이것이 우리 아이가 합리적이고 책임감 있는 어른으로 커가는 첫걸음이다.

남 따라 하기 좋아하는 사람의
지갑은 늘 열려있다

미국 뉴저지 에지워터라는 동네에는 '서울콘도'와 '경기콘도'가
있다. 실제 미국에 있는 콘도 이름이 그렇다는 것은 아니다. 그곳
에 한국 사람들이 워낙 많이 살아서 그런 별명이 붙었다. 미국에
머무는 동안 알게 된 한국인 친구들도 서울콘도와 경기콘도에
살았다.

겨울바람이 세게 분 어느 날 그 친구들과 만났다. 서울콘도 친
구는 그날 아침 조금 속상했다고 말했다.

"학교 버스 정류장에 모인 한국 애들이 죄다 캐나다구스 파카
를 입고 있더라. 우리 애만 빼고……"

경기콘도 친구는 옆에서 맞장구를 쳤다.

"어머, 우리 콘도 정류장에 서 있는 한국 애들은 대부분 몽클레어 패딩이야. 물론 내 아들은 유니클로 입혀 보냈지만."

캐나다구스와 몽클레어 패딩은 미국에서도 600~1000달러(66~110만 원)를 호가하는 고급 브랜드다. 어른이 산다고 해도 부담스러운 가격이다. 하물며 몸이 쑥쑥 자라서 금방 옷이 작아지게 될 아이들에게 100만 원짜리 파카라니……. 그럼에도 주위 친구들이 대부분 캐나다구스나 몽클레어를 입으면 아이들은 또래집단을 따라 하고 싶은 마음이 생기기 마련이다. 서울콘도와 경기콘도에 사는 친구들은 이렇게 푸념했다.

"이사를 하든지 해야지 안 되겠다."

서울콘도와 경기콘도의 한국 아이들이 어쩌다 같은 브랜드의 고가 패딩을 줄줄이 사 입게 된 것일까? 우연히 그 아이들 모두 똑같은 취향을 가지고 있었던 것일까?

'인간은 타인의 욕망을 욕망한다.'

프랑스 철학자 자크 라캉(Jacques Lacan, 1901~1981년)의 책 한 귀퉁이에 있던 글이 떠올랐다. 내가 원하는 것이, 사실은 내가 원하는 것이 아니라 남이 좋아하는 것을 따라 하고 있다는 뜻이다. 그래서 유행이라는 것이 생긴다. 파파라치샷에 나온 유명 연예인 입었던 옷을 주문하고, 멀쩡한 휴대폰을 놔둔 채 새로운 아이폰

시리즈를 사려고 기꺼이 줄을 선다. 명문대에 들어가려 기를 쓰고 공부하는 것도, 배우자를 고를 때 조건과 스펙을 따지는 것도 어찌 보면 내가 원하는 인생이 아니라 남들이 부러워하는 인생을 살기 위한 것일 수 있다. 캐나다구스를 입은 아이의 취향이 처음부터 캐나다구스였을 가능성은 높지 않다. 그 아이의 엄마, 아니 그 콘도의 엄마들, 아니 남을 의식하고 남의 욕망을 욕망하는 지구 상 엄마들이 아이들의 취향을 캐나다구스로 만든 것일 수

대한민국의 사교육 열풍은 남을 따라 하고 좇아가는 모방심리로부터 만들어졌다고 해도 과언이 아니다.

있다.

사교육도 마찬가지다. 대한민국의 사교육 열풍은 남을 따라 하고 좇아가는 모방심리로부터 만들어졌다고 해도 과언이 아니다. 반포에 사는 친구의 초등학교 6학년 딸 아이 '사교육 쇼핑 목록'을 살펴보자. 학원 다섯 곳을 다니고 과외 두 개를 한다. 이 중 수학은 두 곳이다. 고등학교 수학인 『수학의 정석』을 배우는 학원과 사고력 수학 학원 두 곳을 간다. 영어도 두 곳이다. 토플(TOEFL)과 영어 토론을 한다. 친구 몇 명이 함께 그룹을 만들어 논술을 과외로 배우고 요즘 유행하는 코딩 과외도 시작했다. '체력이 곧 학력'이라며 수영 야간강습도 일주일 두 번씩 받는다.

이 같은 스케줄은 대치동 아이들을 따라가기 위한 것이라고 했다. 반포 사는 친구는 대치동 학부모 모임에서 나온 정보를 수시로 얻어서 어느 학원이 좋은지, 어떤 과목을 보강해야 하는지 계속 조사해 최신 교육시장 흐름을 따라간다. 반포에 산다고 해서 대치동 아이들보다 뒤처지면 안 될 것 같아서다. 딸이 가고 싶어 하는 학원, 딸이 더 공부하고 싶어 하는 과목을 선택 기준으로 고려하는 것이 아니라 사실 대치동 정보로 사교육 쇼핑을 하고 있는 셈이다.

이 가족은 딸아이가 중학교를 들어가기 전에 아예 대치동으로 이사할 계획이다. 대치동에 구한 아파트는 지금 사는 집보다 평

밴드왜건 효과(band wagon effect)
: 유행에 따라 상품을 구입하는 소비 현상

한국 부모들이 아이에게 가장 많이 하는 말,
'남들보다, 남들처럼'.
타인의 욕망을 욕망하며 사는 삶.
거대한 '욕망'만 남고, '나'는 없다.

수가 작지만, 감내하기로 했다.

"대치동에 있는 학원 설명회를 가보면 확실히 달라. 사람들이 대치동, 대치동 하는 이유가 있어. 학교에서 공부 제일 잘한다는 친구 두 명이 벌써 대치동으로 전학 갔다니까."

마케팅은 남을 모방하는 이 같은 심리를 교묘하게 파고든다.

"네이티브(미국 현지인) 수준으로 영어를 말하고 읽고 쓰는 아이들이 우리 학원에 들어오기 위해서 6개월씩 대기하면서 입학시험을 칩니다. 이 일대 학원 중에서 가장 높은 수준을 보장합니다."

대치동 영어 학원 설명회에 참석한 학부모들은 고개를 끄덕이며 곧장 자녀 이름을 입학시험 대기 리스트에 올려놓는다. 내 아이가 영어를 잘하려면 영어를 잘하는 아이들이 다니는 학원에 보내야 할 것 같아서다.

'영재들만 다니는 ○○○ 수학 학원'

'SKY 진학률 1위'

'네가 2등급인 건 네 탓이 아니야. 1등급 애들이 하는 ○○을 몰랐을 뿐.'

흔하게 볼 수 있는 이 같은 학원 광고 전단 문구 역시 모방심리를 자극하는 것이다.

한번 냉정하게 생각해보자. 미국 현지인 수준의 아이들만 시험으로 걸러 모아 놓은 영어 학원이나, 수학 영재들만 다니는 수학 학원이 과연 아이들을 잘 가르치는 학원일까? 그 학원에서 명문대 진학률이 높게 나왔다면, 그건 학원이 잘 가르쳐서일까 아니면 아이들이 원래 잘해서일까? 내 아이가 미국 현지인이 아니고 수학 영재가 아닌데, 그런 아이들이 다니는 학원에 보낸다고 해서 돈을 쓴 효과가 있을까?

홈쇼핑에서 "주문 폭주", "매진 임박"이라는 쇼핑호스트의 목소리에 돌리던 텔레비전 채널을 멈춘 뒤 구매를 결정한 적이 있다면, 맛집을 소개하는 예능 프로그램을 보고 몇 시간씩 기다려 먹어본 적이 있다면, 멀쩡한 겨울 코트가 있는 아들이 다른 애들다 있는 롱패딩을 사달라고 졸라 카드를 긁은 적이 있다면, 당신은 모방소비를 경험한 것이다.

이렇게 모방소비는 우리에게 너무나 익숙한 행위다. 퍼레이드 맨 앞의 밴드왜건(Band wagon)을 우르르 쫓아가는 무리처럼, 우리는 우리 돈을 쓰면서도 우리의 의지대로 소비하지 않고 남을 모방하며 살고 있다.

마케팅을 공부한 사람이라면 모두 다 아는 사실.

"밴드왜건 효과를 노려! 남 따라 하는 걸 좋아하는 사람들의 지갑은 늘 열려있으니까."

지름신 막는
계획소비 3단계

유행을 따라 남을 모방하고 동조하는 사회적 현상을 '밴드왜건 효과(Band wagon effect)'라고 한다. 서커스나 퍼레이드 행렬의 맨 앞에 밴드들이 탄 마차를 밴드왜건이라고 하는데, 밴드왜건을 뒤따라 긴 행렬이 이어지는 것에 비유한 표현이다. 우연히 길을 가다 신 나는 퍼레이드를 본 사람들은 충동적으로 밴드왜건을 따라가기도 하고, 원래 가던 길보다 한참을 거꾸로 따라 올라가 과도하게 시간과 에너지를 낭비하기도 한다. 모방소비가 충동소비와 과소비까지 초래할 가능성이 높다는 얘기다.

특히 아이들은 모방소비와 충동소비, 과소비를 제어할 수 있는 능력이 어른보다 약하다. 25세 이하의 뇌는 아직 완전히 성장하지 않아 스스로 감정과 행동을 조절하거나 통제하기가 어렵기 때문이다(『왜 젊은 뇌는 충동적일까』, 제시 페인). 또래 집단과 유대감을 느끼고 싶어 하는 감정이 강해지는 사춘기에는 모방소비 경향이 더욱 뚜렷해지며 마케팅과 광고, 유행에 쉽게 유혹된다. 아이가 어릴 때부터 올바른 소비습관을 갖도록 훈련해야 하는 이유다.

사방에 소비 욕구를 자극하는 유혹이 널려있고 지름신은 쉴 새 없이 강림하는데 모방소비, 충동소비, 과소비에 빠지지 않도록 막을 방법이 있을까? 정답은 '계획소비'에 있다. 계획소비는 내 의지와 내 필요에 따라 미리 소비할 것을 정해놓고 거기에 맞

아이들은 사춘기에 접어들수록 가족보다 또래문화를 중시하게 되고, 친구들에게 더 의존하려는 경향이 강해진다. 그래서 사춘기에는 모방소비 경향이 더 뚜렷해진다.

쳐 소비하는 것이다.

계획소비 첫 번째 단계는 매달 예산 짜기다. 예산 짜기의 기본은 매달 들어오는 수입에 비해 지출 예산이 크면 안 된다는 것이다. 그러기 위해선 '선(先) 입금 – 후(後) 지출' 시스템을 만들어야 한다. 수입이 들어오는 즉시 저축, 투자, 기부로 나갈 돈을 각각의 통에 입금한 후 나머지 돈에서 소비를 계획한다. 앞서 설명했듯이 돈에 꼬리표를 붙여 네 가지 돈 통을 만들고 매달 결산을 하는 아이라면 어렵지 않게 예산을 짤 수 있다.

두 번째는 미리 무엇을 살지 적고 가격 한도를 정해놓는 것이다. 무엇을 살지 결정할 때는 그 물건이 '필요한 것인가?(need)' 아니면 '원하는 것인가?(want)'를 구분할 줄 알아야 한다. 아이가 구매를 결정하기 전에 한번 생각해보도록 유도하자. 구매할 물건과 가격을 적을 때는 구체적일수록 좋다. 예를 들어 '겨울옷 5만 원'이라고 정하지 말고 '브이넥 스웨터 3만 원, 면바지 2만 원'이라고 적는다. '1+1'이나 '7만 원 이상 구매 시 선물 증정' 같은 행사를 한다고 해도 계획한 것이 아니면 과소비가 된다는 것을 유념해야 한다.

세 번째, 비싼 물건은 하룻밤 구매를 미룬다. 비싼 것의 기준은 5만 원일 수도 있고 10만 원일 수도 있다. 기준은 아이 스스로 정하도록 한다. 반드시 필요한 물건이 아니라 그저 갖기를 원했던 것이라면 시간이 흐를수록 소비 욕구는 줄어들기 마련이다. 하룻밤 자고 일어나면 순간적으로 느낀 충동이 희석되고 이성을 되찾을 수 있다.

관건은 실천이다. 어느 날 갑자기 부모님이 계획소비를 하라고 잔소리해봤자, 아이들은 한 귀로 듣고 한 귀로 흘릴 것이 분명하다. 부모가 자녀에게 노동을 가르칠 때는 '돈'이라는 보상수단을 통해 아이의 행동을 유도할 수 있다. 하지만 소비를 가르칠 때는 아이의 행동을 유도할 수단이 없다. 계획소비를 하지 않는다고 혼내고 용돈을 다시 뺏는다면 반항심만 더 커질 수 있다. 한마

지름신 막는 계획소비 3단계

1 매달 예산짜기(선 입금 - 후 지출)

2 쇼핑 목록 작성하기(니드와 원트를 구분, 가격 한도 정하기)

3 고가품은 하룻밤 구매 미루기

디로 해봤자 잘 안들을 가능성이 높다는 얘기다.

아이를 변화시키기 위해서는 더 근본적인 노력이 필요하다. 부모가 먼저 변해야 한다. 엄마와 아빠가 본인들의 잘못된 소비 행태를 바꾸고 가족의 올바른 소비 문화를 만들어야 한다. 홈쇼핑과 온라인 쇼핑몰에서 주문한 엄마의 택배가 쉴 새 없이 배달되고, 아빠가 술집에서 수십만 원을 카드 결제한 것이 들켜 부부 싸움이 나는 가정에서 아이에게 계획소비하라는 잔소리가 가당키나 한 말인가.

먼저 툭 하면 쇼핑몰에 가는 습관을 버리자. 날이 좋아서, 날이 좋지 않아서, 심심해서, 갈 곳이 없어서 우린 쇼핑몰에 아이들과 함께 간다. 주차비 안 내려고 뭐라도 한두 개 사고 외식 한번 하고 나면 10~20만 원 나가는 건 순식간이다.

쓸데없이 쇼핑몰 갈 시간에 아이가 좋아하는 것을 같이 해보자. 아이가 한참 재미있어하는 만화책을 같이 읽거나, 아이돌 음악을 듣거나, 축구를 하거나……. 조금만 관심을 기울이면 얼마든지 자녀와 공감대를 형성하며 시간을 보낼 수 있다.

필요한 물건을 사기 위해 가족이 함께 마트나 백화점에 가야 할 때는 아이와 함께 미리 쇼핑 목록을 작성하고 대략의 예산을 얘기해야 한다. 아이가 갖고 싶은 것이 있다면 그것도 쇼핑 목록에 포함하고 본인이 모아둔 '소비통'에서 돈을 꺼내 쇼핑하는 방

『백설공주』 속 젊고 아름다운 왕비는
끊임없이 자신의 아름다움을 확인받고 싶어 했다.
그녀의 인생을 좀 먹은 건 낮은 자존감이었다.
자존감의 빈자리를 '소비'로 채우려 할수록
지갑만 얄팍해질 뿐이다.

법을 쓴다. 계획하지 않았다면 아이가 아무리 떼를 써도 사주지 않아야 한다. 떼를 쓴 후 장난감을 얻게 된 아이는 원하는 것이 있을 때마다 떼쓰기 전략을 구사하게 될 것이다.

올바른 소비 습관을 기르는 가장 근본적 해답은 사실 따로 있다. 바로 자존감을 키우는 것이다. 자존감은 소비 행태와 직결된다. 자신을 존중하고 사랑하는 마음이 약하면 소비를 통해 부족한 자존감을 채우려 하는 경향이 강해진다. 그러다 보니 명품과 브랜드로 자신의 가치를 과시하려고 하거나 유행을 좇아 다른 사람과 똑같은 물건을 사며 동종의식을 느끼려고 한다.

반면 자존감이 강한 사람은 모방소비나 충동구매 가능성이 낮다. 남이 뭐라고 하든 크게 영향받지 않고 스스로 소비 생활을 제어한다. 특히 자아정체성이 확립되는 시기인 사춘기 청소년의 경우 자존감을 높여주는 칭찬을 많이 받은 아이는 물질주의 성향이 다른 아이들에 비해 절반 이하로 낮게 나타났다는 연구 결과도 있다(『사물의 심리학』, 아네테 쉐퍼). 아이의 자존감을 키우기 위해서는 아이의 말을 경청하고 아이의 생각에 공감하고 아이의 독립성을 인정해야 한다는 게 아동 심리학자들의 공통된 의견이다.

어느 유명한 마케팅분석센터에서 2018년 트렌드를 발표하면서 '자존감 소비'를 내세웠다. 무너진 자존감을 회복하기 위한 마케팅 전략이 소비자들에게 먹힐 것이란 분석이다. 이런 분석을 보면서 고개를 *끄덕끄덕*하지 말자. 피식하고 '쿨' 하게 웃으며 말하자.

"무엇을 사든지 무엇을 하든지 내 계획대로 내 의지대로 하는 것이지, 마케팅 따위에 넘어가지 않는다. 나 그렇게 쉬운 사람 아니다!"

우리 아이들에게도 얘기해주자. 비싼 브랜드 입는다고 너의 가치가 올라가는 게 아니라고, 너 자신이 바로 명품이라고.

'불세출의 천재'가 남긴 유산

"나는 벼슬이 없으니 너희에게 농장을 물려주지 못한다. 절대적인 믿음으로 너희에게 두 가지 글자를 남긴다. 한 글자는 '근(勤, 부지런함)'이요, 다른 하나는 '검(儉, 검소)'이다. 이 두 글자는 좋은 밭이나 기름진 땅보다 나아서 한평생 써도 다 닳지 않을 것이다."

'불세출의 천재'라 불리던 다산 정약용(丁若鏞, 176~1836년)이 강진에 유배되어 있을 때 두 아들에게 전하는 당부의 글을 적은 서첩 「하피첩(霞帔帖)」의 일부분이다. 근과 검. 이 두 글자는 '부지런하게 일하고 검소하게 생활하라'는 뜻을 담고 있다. 정약용이 자녀에게 물려준 유산은 '근검'이라는 생활의 지혜였다.

근검은 동서고금을 막론하고 통용되는 가치다. 버락 오바마

나는 벼슬이 없으니
너희에게 농장을 물려주지 못한다.
절대적인 믿음으로 너희에게
두 가지 글자를 남긴다.
한 글자는 '근(勤, 부지런함)'이요,
다른 하나는 '검(儉, 검소)'이다.
이 두 글자는
좋은 밭이나 기름진 땅보다 나아서
한평생 써도 다 닳지 않을 것이다.

정약용, 「하피첩」 중에서

(Barack Obama, 1961년~) 전 미국 대통령과 그의 부인인 미셸 오바마(Michelle Obama, 1964년~)는 자녀들에게 검소한 생활을 엄격하게 가르치는 것으로 유명하다. 오바마 부부는 과거 방송에서 십 대 두 딸에게 1주일에 1달러, 우리 돈으로 1100원 정도만 용돈을 주고 있다고 밝혔다. 백악관에서 같이 살았던 딸들은 집안일을 도우며 모자라는 용돈을 충당했다고 한다.

마크 주커버그(Mark Elliot Zuckerberg, 1984년~) 페이스북 최고경영자(CEO)는 항상 회색 티셔츠와 청바지 차림이다. 그가 공개한 옷장에는 똑같은 회색 반소매 티셔츠 9벌과 짙은 회색 후드 티셔츠 6벌이 걸려 있었다. 세계 부호 5위(「포브스」 선정)의 옷장치고는 구경할 것이 별로 없다. 주커버그의 옷장이 같은 옷으로만 채워진 이유는 무엇을 입을지 고민할 시간을 아끼기 위해서다. 주커버그는 페이스북을 단기간 급성장시킬 수 있었던 비결에 대해 자신의 생활을 최대한 단순화하고 일에 집중했기 때문이라고 말했다.

조선 최고의 천재도 아니며, 미국 전 대통령도 아니며, 최연소 부호도 아닌 우리는 과연 이들보다 검소하게 생활하고 있을까? 우리 아이들에게 절제하는 법을 가르치고 있을까?

마크 주커버그가 SNS에 공개한 자신의 옷장. 똑같은 회색 반소매 티셔츠 9벌과 짙은 회색 후드 티셔츠 6벌이 걸려 있다.

많은 부모가 아이를 위해 쓰는 돈을 아까워하지 않는다. 야근에 주말근무까지 말 그대로 '뼈 빠지게' 일해서 번 돈으로 아이들이 먹고 배우고 놀 수 있다면, 그것은 참말로 기쁜 일이라며 스스로 위안해 마지않는다. 아이가 기분이 좋지 않으면 돈을 더 푼다. 아이가 시험을 잘 보지 못했거나 경연대회에서 뽑히지 못했을 때 "뭐 갖고 싶어? 아빠가 다 사줄게"라는 말로 위로한다.

맞벌이 가정이나 한부모 가정은 아이들의 정서를 물질로 달래려는 경향이 더욱 강하다. 선물을 사주거나 가끔 놀이공원에 같이 가주면서 평소 아이와 시간을 함께 보내지 못한 죄책감에서 벗어나려고 한다. 이런 심리는 '디즈니랜드 부모 증후군'이라고 불리기도 한다.

돈은 마법을 부릴 수 없다. 마음의 상처를 치유하거나 부모의 사랑을 대신해 줄 수 없다. 어른들이 아이에게 풍족한 물질을 제공할수록 아이는 나쁜 습관이 몸에 베고 독립성을 잃어 간다. 부모에게 감사하는 마음을 갖기보다는 부모를 현금인출기(ATM)쯤으로 인식하기 십상이다. 이것은 내 주장이 아니다. 많은 심리학자의 연구와 조사를 통해 입증된 이론이다.

새로운 스마트폰을 사면 흥분한다. 하지만 그 흥분은 잠시의 흥분일 뿐이다. 새 옷을 사면 행복해진다. 하지만 그 옷은 곧 헌 옷이 된다. 아무리 즐거운 일이라도 시간이 지나거나 반복되면 그 즐거움에 익숙해져 더이상 즐겁지 않다. 리버사이드 캘리포니아 대학교 심리학과 교수인 소냐 류보머스키(Sonja Lyubomirsky)는 이런 심리를 '쾌락적응'이라고 불렀다. 행복과 쾌락이라는 느낌도 적응 현상이 일어난다는 것이다.

김정호 덕성여대 심리학과 교수는 "행복하기 위해서는 새로운 것을 찾기보다 자극이 없는 상태로 만들어야 한다"고 주장한다. "내 몸에게 의도적으로 결핍을 주는 것이 쾌락적응의 부작용을 차단하는 데 도움이 된다"는 것이다(『나로부터 자유로워지는 즐거움』, 김정호).

심리학자들은 아이들에게 용돈을 줄 때 역시 부족한 것이 좋다고 말한다. 부모들은 아이에게 넉넉하게 용돈을 주지 않으면 기가 죽을까 혹은 나쁜 짓을 하지 않을까 하는 걱정을 하기도 한다. 이것은 내 아이에 대한 믿음이 약해서 오는 걱정이다. 스스로 인생 계획을 짜고 꾸준히 돈을 버는 연습을 하며 올바른 소비습관을 가지려 노력해왔다면, 용돈을 적게 주거나 혹은 주지 않는다고 해서 아이들이 비뚤어지지 않는다.

초등학생인 두 딸은 일하지 않으면 용돈을 받을 수 없다. 이 원칙은 중학생이 되든 고등학생이 되든 반드시 변하지 않을 것이라고 선언을 했다. 두 딸이 꼬리표 달린 통에 모아놓은 돈은 청소기 돌리기와 쓰레기 분리해 버리기, 만두 빚기 등의 집안일을 거들며 조금씩 받은 수고비다.

얼마 전 학교에서 가족들의 크리스마스 선물을 살 수 있는

'홀리데이 숍'이 열렸다. 아이들은 평소 용돈을 넉넉히 받는 친구들이 50달러나 가져오겠다고 했다면서 자기들도 많이 가져가고 싶다고 했다. 결국 소비통에 있는 돈을 털어 각각 20달러를 가져갔다.

초울이는 빨간색 플라스틱 가넷이 박혀있는 장난감 반지를 엄마를 위해 샀다.

부모가 아이에게 풍족한 물질을 제공할수록 아이는 나쁜 습관이 생기고 독립성을 잃어 간다.
아이는 부모에게 감사하는 마음을 갖기보다는 부모를 현금인출기(ATM)쯤으로 인식하기 십상이다.

"엄마가 결혼식 때 다이아몬드 반지 안 했다고 그래서 이 반지 샀어."

시울이는 'MOM(엄마)'이라는 글자가 써진 작은컵을 건넸다.

"엄마 보석함 없으니까 반지 여기에다 보관해."

둘 다 가족들 선물 하나씩 사고도 돈을 남겨왔다.

내 결혼반지에는 다이아몬드가 박혀있지 않다. 남편과 종로 보석상가에 가서 맞춘 14K 실반지가 전부다. 이 반지를 처음 보자마자 마음에 들어 50만 원 주고 두 개를 주문했다. 그런데 알고 보니 이 반지는 명품 보석 브랜드인 티파니앤코에서 파는 것과 똑같은 '짝퉁' 디자인이 아닌가. 남편은 주문한 것을 취소하고 티파니에 가서 사자고 했다. 티파니에서는 반지 두 개에 300만 원이 넘는데……. 난 종로 보석상가 반지가 더 예쁘다고 우겼다.

그리고 누가 결혼반지 어디서 샀느냐고 물으면 "벨웨이"라고 답했다. 벨웨이(Bell Way), 종로를 괜히 영어로 얘기했다. 그랬더니 사람들은 뭔가 좋은 브랜드인 줄 알았다. 결혼반지를 맞춘 지 11년이 흘렀지만 벨웨이 반지는 아직 반짝반짝하다.

명품반지 안 산 거 후회 없느냐고? 전혀! 결혼 20주년 혹은 30주년에 남편이 진짜 다이아몬드 반지를 짠하고 내밀지 않을까 하는 기대를 하며 사는 게 더 행복하다고 생각한다면 믿을까.

"학원 가기 싫어"란 말이
쏙 들어가는
학원비 투자설명회

미국 뉴저지에 사는 주희 씨는 자녀가 셋이다. 고등학교 10학년
(고1)짜리 첫째 딸과 초등학교 6학년 둘째 아들, 초등학교 4학년
막내딸이 있다. 모임에 나온 주희 씨는 식사를 하다말고 일찍 집
에 가야 한다며 일어섰다. 그날 아이들이 투자설명회를 하는 날
이라고 했다. 아이들이 무슨 기업도 아니고 금융회사도 아닌데
투자설명회를 연다고? 주희 씨의 대답은 놀라웠다.

　"아이 셋 모두 사교육을 시키자니 너무 부담스러워서 투자설명
회에서 엄마 아빠를 설득시킨 단 한 명만 학원을 보내기로 했어."

　결과가 궁금해 다음 날 득달같이 주희 씨에게 전화를 해봤다.
승자는 첫째. 대입수학능력시험(SAT) 학원을 등록해달라는 첫째

딸은 비싼 학원비를 부모로부터 유치하기 위해 연도별 학원비 상환 계획을 제시했다고 한다. 거기다 학원비의 3분의 1은 그동안 모아놓은 아르바이트비로 충당하겠다는 점도 높은 평가를 받았다는 것이다. 로봇아카데미를 가고 싶다는 둘째와 체조를 배우겠다는 막내는 첫째의 치밀한 계획에 성질을 부리다가 결국 패배를 인정했다고 했다. 석 달 뒤 학원비 투자 유치 설명회는 다시 열린다고 했다.

부모로부터 학원비를 받기 위해 설명회를 여는 아이들이라니! 이 얼마나 낯선 풍경인가. 하지만 이 얼마나 혁신적 발상인가. 부

아이들이 바라는 꿈에 투자해주자. 그러면 아이들은 스스로 무엇을 배우고 싶은지 탐색하고, 배움을 열망하게 되며, 부모에게 감사해 한다.

모가 아이들을 억지로 학원에 뺑뺑이 돌리는 것이 아니라, 아이들이 바라는 꿈에 투자를 해주는 방식이다. 그것도 아이들이 간절히 필요로 할 때. 그러면 아이들은 스스로 무엇을 배우고 싶은지 탐색하고, 배움을 열망하게 되며, 부모에게 감사함을 느낀다. 학원 '땡땡이'? 절대 못 친다. 그랬다가는 다음번 투자 유치 결과가 뻔하기 때문이다.

아이들은 대체로 배움을 재밌어하지 않는다. 아이들에게 공부는 그저 '시시포스의 바위'처럼 목적도 없이 무한 반복되는 고통일 뿐이다. 하지만 목적 의식이 생기면 달라진다. 바위를 힘들게 언덕에 올려놓은 순간 목표를 달성한 성취감을 느끼게 된다. 배움이 얼마나 짜릿한지, 지적 유희가 과연 어떤 것인지 느끼게 된다면 비싼 사교육이 그 값어치를 하고도 남는다. 아이들에게 꿈을 찾게 하고 그 꿈에 투자하는 선순환을 만들기 위해서는 사실 많은 노력이 필요하다.

우선, 돈과 행복의 관계에 대한 발상 전환이 필요하다. '돈이 많으면 행복하고, 돈이 없으면 불행해'. 이런 이분법적 사고, 이젠 좀 식상하지 않은가? 앞으로는 돈이 많고 적음을 떠나 '돈을 어떻게 쓰는 것이 행복에 유리한가'에 대해 생각할 필요가 있다.

많은 심리학자가 연구를 통해 밝혀낸 사실은 소유하기 위해 물건을 사는 것보다 경험이나 배움을 위해 돈을 쓰는 것이 행복에 유리하다는 점이다. 미국 콜로라도대학의 심리학자 벤 보벤이 1200명을 대상으로 실험한 결과를 보면 옷이나 보석, IT 제품 등 소유를 목적으로 한 소비보다 공연과 여행, 강의 청취 등 경험을 목적으로 소비했을 때 더 많이, 더 길게 행복을 느꼈다.

소유의 욕망은 채워도 채워도 끝이 없다. '신상'은 구식이 되고 쾌락적응 현상은 어김없이 찾아온다. 사회심리학자 에리히 프롬(Erich Pinchas Fromm, 1900~1980년)은 명저 『소유냐 존재냐』에서 '인간은 존재가치를 느낄 때 진정한 자유와 행복을 느끼는 존재'라고 묘사했다.

내 아이의 존재를 빛나게 해주자. 배우고 느끼고 성장하는 것이 물질을 추구하는 것보다 행복한 것이라는 생각의 전환, 그것이 꿈에 투자하는 첫 번째 단계다.

다음 단계는 아이가 스스로 꿈을 찾을 때까지 부모가 인내하는 것이다. 아마도 참고 또 참고 해탈의 경지까지 이르러야 할 수도 있다.

업무상 알게 된 한 중앙부처 공무원의 얘기다. 공무원은 고등학교 1학년 딸 한 명을 둔 아빠다. 딸은 중학교 1학년까지는 성적이 항상 상위권을 유지했고 엄마 아빠의 말을 잘 들었다. 부모의 자랑이자 희망이었다.

그런데 딸이 중학교 2학년 때부터 삐걱대기 시작했다. 갑자기 반항심이 커지더니 공부하기 싫다며 부모 속을 썩이기 시작했다. 툭하면 학원을 빼먹고 아이돌 그룹을 쫓아다녔다. 용돈은 죄다 아이돌 그룹의 굿즈(연예인 캐릭터를 활용한 상품) 모으는 데 써버렸다. 성적은 곤두박질쳤다. 부모와 딸의 충돌로 집안은 하루하루가 전쟁터였다. 고민하던 부모는 중학교 2학년 여름방학 동안 모든 학원을 중단하고 아예 공부하라는 잔소리를 하지 않기로 했다. "나 좀 내버려 둬!"라고 소리 지르는 딸의 말대로 그냥 내버려 두기로 한 것이다.

대신 용돈을 끊었다. 딸은 방학 내내 스마트폰을 보거나 컴퓨터 앞에 앉아있거나 가끔 만화책과 소설책을 읽었다. 딸의 방은 눈 뜨고 못 볼 정도로 지저분해졌다. 공부는 한 글자도 안 하는 듯했다. 엄마 아빠는 치밀어오는 화를 참기 위해 하루에도 백번씩 심호흡을 했다.

여름방학이 끝나가는 어느 날, 드디어 딸이 입을 열었다.

"나 방송 프로듀서 되고 싶어."

그 뒤로 딸은 다시 공부를 시작했고 생기도 찾았다. 한국방송예술교육진흥원의 방송캠프를 스스로 찾아내 신청하고 방송제작 공모전도 준비했다. 그렇게 딸의 방황은 한고비를 넘겼다. 그 공무원은 이렇게 말했다.

무엇인가 얻기 위한
간절한 마음이 생기려면
무엇인가
부족한 상태가 되어야 한다.

**열망은
결핍에서 나오기
마련이다.**

"딸이 방학 동안 혼자 시간을 보내면서 미래에 대해 생각한 것 같다. 중2 여름방학 동안 내버려둔 것이 오히려 사춘기 방황을 일찍 끝낸 셈이 됐다."

무엇인가 얻기 위한 간절한 마음이 생기려면 무엇인가 부족한 상태가 되어야 한다. 억지로 해야 할 공부가 끊임없이 밀려오면 정말 하고 싶은 공부가 어떤 것인지 깨닫지 못한다. 열망은 결핍에서 나오기 마련이다. 공부하지 않는 시간도 있어야 공부를 하고 싶은 마음이 생긴다. 아이에게도 생각할 시간, 생각할 여유가 필요하다.

자, 이제 꿈 투자 실전 단계다. 먼저 투자 대상을 결정해야 한다. 배움과 체험을 목적으로 하면 투자 대상이 될 수 있다. 투자 주체는 부모가 아닌 아이다. 아이가 배우고 싶은 것, 아이가 체험하고 싶은 것으로 투자 대상을 결정한다. 아이가 스스로 학원을 선택했다면 분명 부모가 보내주는 학원 보다 열 배는 열심히 다닐 것이다.

다음은 예산 짜기다. 꿈을 실현하기 위해 얼마의 돈이 필요한지 계산해본다. 꿈이 여러 개라면 꿈별로 꼬리표를 붙여 투자통 또는 통장을 쪼개어 적립하는 것이 좋다. 쪼개기가 힘들다면 꿈별 예산과 적립목표금액, 적립목표날짜를 적어서 투자통 또는 통장에 붙여놓는다.

적립 방법은 여러 가지다. 아이 혼자 꾸준히 모으는 것이 가장 기본적인 방법이다. 하지만 혼자가 아니라 부모와 형제자매, 친지, 친구와 함께 적립하면 꿈을 실현할 가능성이 더욱 높아진다. 예를 들어 매칭펀드 형식이다. 아이 혼자 감당하기에는 예산이 부담스러울 수 있는 해외 여행 또는 해외 연수, 학원 등록 등의 경우, 아이가 돈을 적립한 만큼 부모가 매칭해 지원해주는 방식이다. 이땐 아이들에게 부모의 지원을 받아야 하는 이유에 대해 설명회를 열도록 하는 것도 좋은 아이디어다.

비슷한 꿈을 가진 형제자매나 사촌, 친구와 컨소시엄을 구성하는 방식도 있다. 컨소시엄은 공통의 목적을 위해 구성된 협회나 조합이다. 컨소시엄을 구성해 함께 적립하면 동기부여가 될 뿐 아니라 책임감이 강해지는 효과를 기대할 수 있다.

행복을 증폭시키는 법칙

낙동강이 감싸 안은 안동 하회마을은 풍산 류 씨가 600여 년 살아온 집성촌이다. 류 씨 대갓집 중에서도 북촌댁은 99간짜리 대궐 같은 집에 '없는 게 없다'는 말이 나올 정도로 부자였다고 한다. 그런데 이 집에 딱 하나, 없는 게 있으니 그것이 바로 부엌문이다. "배고픈 사람들이 부엌에 들어와서 음식을 먹을 수 있도록 부엌문을 달지 않았다"고 북촌댁의 후손은 전했다.

이웃에게 나눔을 실천해 온 북촌댁은 지금까지도 지역사회에서 존경받는다. 북촌댁의 후손들은 선조들을 자랑스러워하며 가풍을 잇고 있다. 나눔의 선한 영향력은 후손들, 그리고 우리 아이들에게까지 미친다. 우리가 기부하고 기부를 가르쳐야 하는 이유다.

브라질에 있는 나비가
날개를 한 번 퍼덕인 것이
대기에 영향을 주고,
이 영향이 시간이 지날수록 증폭되어
미국을 강타하는 토네이도가 된다.
작은 나눔은 나비의 날갯짓처럼
살기 좋은 사회를 만드는
기폭제가 된다.

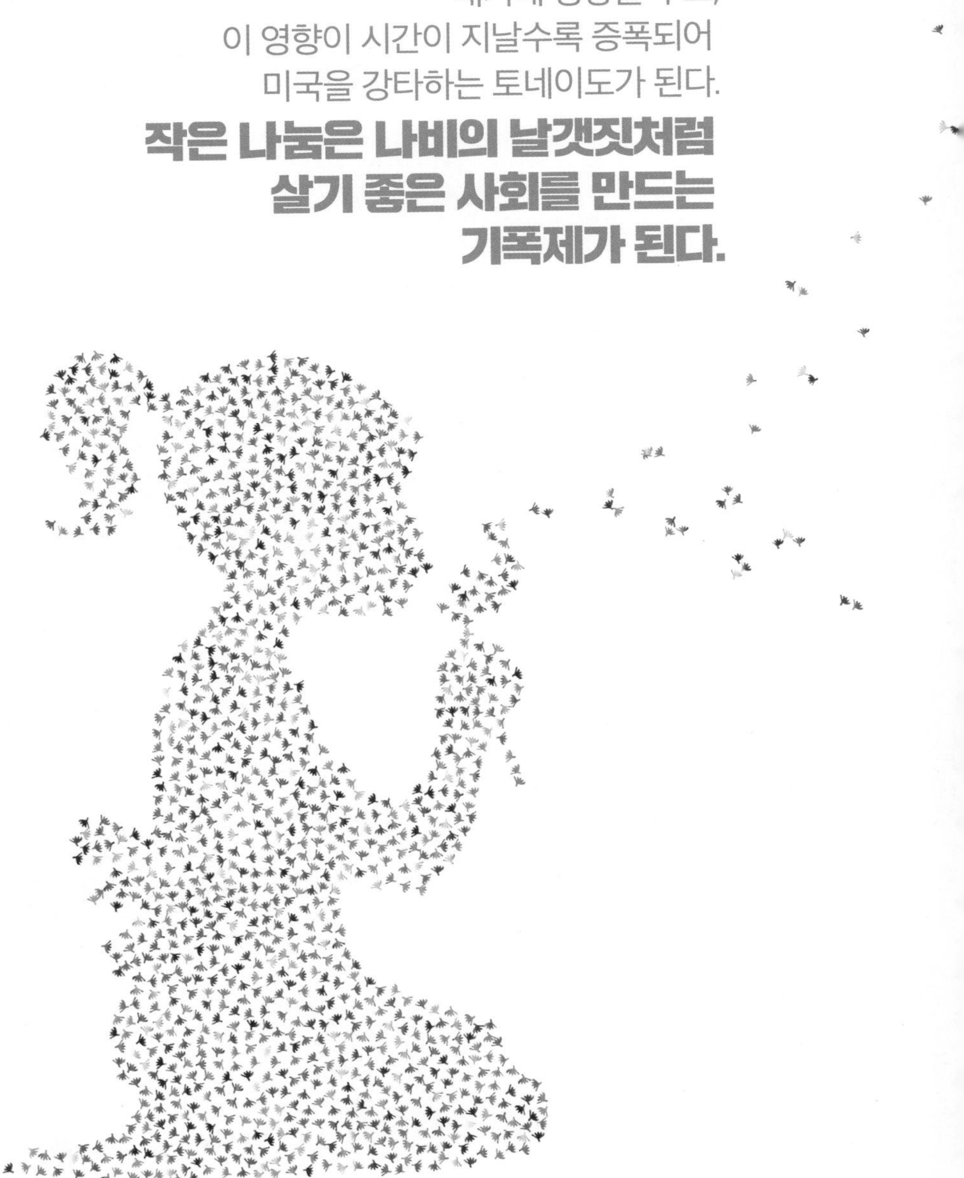

'기부는 부자들이나 하는 것이 아니야? 내 코가 석 자인 데……'라고 생각하는 사람들도 있을 것이다. 하지만 기부는 결코 부자만 하는 것이 아니다. 한국보다 가난한 나라 국민들도 열심히 기부한다. 세계에서 가장 기부를 잘하는 나라는 미얀마다. 미얀마는 낯선 사람을 도와준 경험, 금전적 기부 경험, 자원봉사 시간 등을 종합적으로 평가한 세계기부지수(영국 자선단체 자선지원재단과 미국 여론조사업체 갤럽이 매년 발표) 순위에서 4년 연속 1위를 차지했다. 미얀마의 1인당 국민총생산(GDP)은 한국 1인당 GDP의 5퍼센트에도 미치지 못한다. 미얀마보다 잘 사는 한국의 세계기부지수는 139개국 중 62위에 그쳤다. 아프리카 최빈국으로 꼽히는 소말리아(47위)와 말라위(36위)보다도 한국은 순위가 낮다.

'기부는 천사 같은 사람들만 하는 것 아니야? 난 마음의 여유도 없는데……'라고 생각하는 사람들도 있을 것이다. 하지만 기부는 결코 착한 사마리아인만 하는 것이 아니다. 미국에서 가장 악명 높은 시카고 갱단 두목, 알 카포네도 알고 보면 '기부천사'였다. 무료 급식소를 차려 실직자들에게 하루 세끼를 먹였고 돈이 없어 수술을 받지 못하는 환자들의 병원비를 대신 내주기도 했다.

좀 더 근본적인 질문을 해보자. "왜 기부하는가?".

이 질문에 대해 생각해야 하는 이유는 아이들을 이해시키기 위해서다. 열심히 집안일을 하고 아르바이트를 해서 번 돈을 왜 남과 나누어야 하는지 아이들은 의문을 가질 수 있다. 기부하는 이유는 무엇일까? 측은지심, 동정심 때문일까? 아니면 연말정산 때 세액공제 받기 위해서일까? 단지 이런 이유만은 아닐 것이다.

나눔은 우리 아이들이 더 살기 좋은 사회를 만드는 데 기여한다. 내 작은 선행이 다른 선행을 불러오고 그 선행이 또 다른 선행을 만들 수 있다. 기부는 개인의 힘으로 사회 공동체의 신뢰를 높일 수 있는 최선의 행동이다. 초등학교 졸업장도 없이 금속 공장에서 일하던 노동자에서 대통령 자리까지 오른 룰라 다 실바(Lula da Silva, 1945년~) 전 브라질 대통령은 "나눔은 비용이 아니라 모두가 행복해지기 위한 가장 확실한 투자"라고 말했다.

우리가 기부해야 하는 또 다른 중요한 이유는 우리 스스로 행복해지기 위해서다. 과학자들은 '남을 위해 기부한 뒤에 심리적 포만감 상태가 며칠 또는 몇 주 동안 지속된다'는 사실을 밝혀냈다. 이때 느끼는 기분이 바로 '봉사자의 황홀감(헬퍼스 하이, Helper's high)'이다. 헬퍼스 하이를 느끼면 행복 호르몬으로 알려진 엔도르핀 분비가 정상치의 세 배까지 올라간다. 기부는 기부자의 마음뿐 아니라 몸도 건강하게 한다. 헬퍼스 하이를 느끼는 동안 체내 혈압과 콜레스테롤 수치가 낮아지고 옥시토신 호르몬 분비가 증가해 불면증과 만성 통증 치료에도 효과를 보였다는 것이다.

대단하지 않은가? 여기서 끝이 아니다. 봉사활동이나 선한 일을 쳐다보기만 해도 인체의 면역기능이 향상된다는 연구 결과도 있다. 하버드대학교 의과대학 데이비드 맥클랜드(David Clarence McClelland) 박사 연구팀이 실험 대상 자들에게 마더 테레사(Mother Teresa, 1910~1997년) 수녀의 일대기를 그린 영화를 보여줬더니 대부분 면역항체가 50퍼센트 증가했다. 이 현상을 '마더 테레사 효과'라고 부른다. 이 정도면 우리 아이들이 기부에 동참해야 할 충분한 이유가 있는 것 아닌가.

우리 아이를 작은 기부영웅으로 만드는 일은 그리 어렵지 않다. 매년 가족들과 생

헬퍼스 하이는 다른 사람을 돕는 이타적 행위가 삶의 만족감을 높여 정신과 신체에 긍정적 변화를 야기한다는 정신의학 용어다.

애 설계를 할 때 올해는 어떤 기부를 할 것인지 얘기를 나눠보자. 기부 형태와 기부 분야를 정하고 기부액 목표를 정해도 좋다. 기부 형태에는 돈을 기부하는 방법, 재능을 기부하는 방법, 시간을 기부하는 방법이 있다. 돈을 나누는 것뿐 아니라 재능과 시간을 나누는 것도 의미가 있다는 사실을 느끼게 해주자.

정부의 자원봉사포털사이트와 기부포털사이트를 이용하면 기부에 좀 더 쉽게 접근할 수 있다. 아이와 함께 기부를 계획하고 실천하면서 억만 금짜리 행복을 느껴보길 바란다.

부자는 어떻게
만들어지는가
4

하루 평균 400억 원 버는 갑부가
매일 맥모닝을 먹는 까닭

●

워런 버핏

미국 중북부 네브래스카 주에 있는 농축산 마을 오마하. 매일 아
침 맥도날드 드라이브스루(자동차에 앉은 채 물건을 사는 것)에는
'투자의 귀재' 워런 버핏(Warren Buffett, 1930년~)이 나타난다. 그
는 스스로 운전대를 잡고 맥도날드 맥모닝을 주문해 버크셔 해
서웨이 본사로 출근한다. 일이 잘 풀리지 않을 땐 소시지가 들어
간 2.61달러(2970원)짜리 맥머핀을 먹고, 일이 잘 풀릴 땐 베이컨
과 달걀, 치즈가 들어 있는 비스킷을 시킨다. 3.17달러(3600원)짜
리 비스킷은 워런 버핏이 주문하는 가장 비싼 아침 메뉴다. 가끔
맥도날드에서 쿠폰이 나올 때면 챙겨뒀다 할인받아 먹기도 한다.
「포브스」가 2017년 발표한 워런 버핏의 재산은 756억 달러

다. 우리 돈으로 86조 원에 달한다. 그는 '절친'인 빌 게이츠에 이어 전 세계 부자 2위를 차지했다. 그는 여전히 고향인 오마하에 60년 전 마련한 방 다섯 개짜리 집에서 살고 있다. 동네 이발소에서 20달러가 안 되는 돈으로 이발을 한다. 안경테와 구두, 지갑 등 몸에 지니고 있는 것들은 모두 오래되고 낡은 것으로 유명하다. 이쯤 되면 근검절약을 넘어 궁상맞다는 생각이 들 정도다.

워런 버핏이 돈을 소비하는 것에 흥미가 없는 이유는 보통 사람들과 돈의 가치에 대한 인식이 다르기 때문이다. 그는 돈의 가치를 현재에 두지 않고, 미래에 둔다. 그는 돈을 '스노볼(눈덩이)'

「포브스」 선정 세계 2위 부자인 워런 버핏은 20년 넘은 캠리 자동차를 직접 운전해 매일 아침 2달러짜리 맥모닝을 사러 온다.

에 비유한다. 돈을 복리로 굴리는 것, 즉 원금에 이자를 더하고 다시 그 돈이 더 큰 이자를 낳아 점점 규모가 커지는 것이 눈덩이를 굴리는 것과 같다는 것이다. 그러니 그에게는 지금 당장 먹고 놀고 꾸미는 데 많은 돈을 쓰는 것이 오히려 바보 같은 짓일 수밖에 없다.

"내가 돈을 버는 목적은 돈 자체에 있지 않다. 돈을 버는 것이 재미있기 때문이다. 나는 하고 싶은 일을 하는 것뿐이다."

워런 버핏의 말이다.

놀랍게도 버핏은 여섯 살 때부터 돈을 벌었다. 코카콜라 여섯 개 묶음을 25센트에 사서 한 개에 5센트를 받고 팔았다. 여섯 개 묶음 하나를 다 팔 때마다 30센트를 벌었으니 원금 대비 수익률을 따지면 20퍼센트에 달한다. 아홉 살 때는 친구와 함께 주유소에 있는 음료수 자판기 옆 쓰레기통을 뒤져 사람들이 좋아하는 음료수를 파악해 판매했고, 열세 살에는 골프장에서 아르바이트를 하며 손님들이 버리고 간 공을 모아 팔았다. 워런 버핏은 열세 살부터 신문 배달로 상당한 돈을 벌었다. 그 돈을 모아 고등학교를 졸업하기 전에 네브라스카에 농지 40에이커를 사서 임대료까지 받았다. 40에이커가 어느 정도 크기냐 하면 16만m^2, 4만 9000평이고 축구장 서른 개 정도가 들어간다. 실화냐? 실화다.

워런 버핏의 범상치 않은 경제관은 아버지로부터 물려받았다. 워런 버핏의 아버지 하워드 버핏(Howard Buffett, 1903~1964년)은 주식 중개인이었다. 워런 버핏은 여덟 살 때부터 아버지 서재에 있던 주식과 관련된 책들을 탐독했다. 아버지는 사교성은 부족했지만 숫자를 기억하고 계산하는 능력이 남달랐던 아들을 유심히 관찰했다. 아버지는 아들을 일터에 자주 데리고 갔다. 주식과 채권 실물을 보여주면서 어떻게 시장이 움직이고 거래가 이루어지는지 가르쳤다. 어린 워런 버핏은 아버지 사무실 아래층의 주식거래중개회사 객장에 나가 주식 시세판 보는 것을 즐겼다. 그러면서 주식 가격 변동을 기록하고 도표를 만들기도 하면서 주식 투자에 눈을 뜨기 시작했다.

하워드 버핏은 뉴욕 월스트리트를 보고 싶다고 조르는 열 살 워런 버핏을 위해 골드만삭스의 최고 경영자이며 '월가의 대부'로 불리던 시드니 와인버그(Sidney weinberg, 1891~1969년)와의 만남을 성사시켰다. 훗날 억만장자가 된 버핏은 자신의 자서전 『스노볼』에서 그날의 기억을 이렇게 회고했다.

"와인버그는 바로 다음 날 나를 잊었겠지만, 나는 그 순간을 영원히 잊지 못했다."

하워드 버핏은 하원의원으로 활동하다 1963년 암으로 세상을 떠났다. 그는 재산 전부를 병원과 대학에 기부했다. 아들에게는 개인적인 소장품을 제외하고는 아무것도 남기지 않았다. 워런 버핏도 아버지와 같은 길을 걷고 있다. 그는 "내 삶이 다할 때까지 재산 99퍼센트를 기부하겠다"고 선언했다. 그리고 단계적으로 기부 계획을 실천에 옮기고 있다. 워런 버핏은 자신이 보유한 버크셔해서웨이 지분을 2018년 7월까지 총 340억 달러(약 39조 원)어치 기부했다. 버핏이 가장 많은 금액을 기부한 곳은 마이크로소프트 창업자인 빌 게이츠와 그의 아내 멜린다가 설립한 '빌앤멜린다게이츠재단'이다. 이 재단은 극빈층을 지원하고 아프리카 등의 보건 의료를 개선하는 사업을 하고 있다.

워런 버핏은 또 아들, 딸이 운영하는 재단에도 매년 보유 지분을 기부한다. 버핏 가족이 운영하는 재단은 지역사회의 공립학교와 유아 교육, 공공 안전, 여성 지원 등의 사업을 벌이고 있다. 그는 자녀들에게 직접 지분을 증여해 회사를 물려주지 않고, 자녀들이 사회에 부를 환원할 수 있도록 그들이 운영하는 재단에 주식을 기부했다.

하워드 버핏으로부터 시작된 기부는 워런 버핏과 그의 자녀들까지 삼대를 이어 내려오고 있다. 버핏 가족은 기부야말로 돈을 가장 가치 있게 쓰는 방법이라는 사실을 자녀에게, 그리고 세상에 널리 알리고 있다.

Chapter 6

'시간'을 무기로,
푼돈을 목돈으로 만드는
투자 기술

돈이 돈을 버는
자본주의 작동 메커니즘

사람은 잠을 자고 밥을 먹고 휴가를 간다. 하루 24시간 온종일 노동을 해서 돈을 벌 수 없다. 잠을 몇 시간만 덜 자도 다음 날 온몸이 물에 젖은 솜뭉치 마냥 무겁게 느껴져 일하기가 힘들다. 하지만 돈은 다르다. 돈은 잠을 자지 않는다. 휴가도 필요 없다. 돈은 계속 일할 수 있다.

게다가 사람은 차별을 받는다. 제각기 생산성과 효용가치를 다르게 평가받아서 같은 시간 일을 해도 누구는 많이 벌고 누구는 조금 번다. 심지어 같은 직장 내 동기끼리도 월급이 다르다. 내가 옆의 직원보다 월급을 많이 받고 싶다고 해서 월급이 내 마음대로 쑥쑥 올라가는 게 아니란 뜻이다.

돈은 어떤가? 돈의 가치는 사회적 약속에 의해 계량화되어 있어서 수정이의 돈이든, 승찬이의 돈이든 같은 시간 같은 곳에 투입되면 생산성이 같다.

24시간 365일 깨어 있는 돈이 쉬지 않고 돈을 버는 자본시장의 시스템은 소득 불균형을 키워 부자와 가난한 자를 만든다. 돈이 돈을 버는 방법을 자녀들에게 가르쳐야 하는 이유다. 사회주의가 아닌 자본주의 국가에 살 것이라면 말이다.

소득을 얻는 방법은 여러 가지다. 예를 들면 어느 회사에 취직해 노동자가 되어 '근로소득'을 얻을 수도 있고, 회사를 차려서 경영자가 되어 '사업소득'을 얻을 수도 있다. 그리고 어느 회사에 투자하는 투자자가 되어 '재산소득'을 얻는 방법도 있다.

돈과 건물, 토지 같은 재산을 소유하고 이것을 빌려주거나 파는 과정에서 발생하는 수익이 바로 재산소득이다. 재산소득을 벌기 위한 밑천을 경제학에선 '자본'이라고 말한다. 자본가라고 불리는 사람들은 돈을 빌려주고 받는 이자, 건물을 세 놓고 받는 임대료, 주식투자로 얻은 배당금 등으로 재산소득을 얻는다.

평범한 직장생활을 하면서 얻은 근로소득만으로는 미친 집값과 교육비, 노후자금까지 감당하기 사실상 불가능한 것이 현실이다. 세계적인 부자들은 대부분 어려서부터 투자에 눈을 떴다. 「포브스」 선정 세계 2위 갑부인 워런 버핏은 초등학교 시절 주

24시간 365일 깨어 있는 돈이
쉬지 않고 돈을 버는
자본시장의 시스템은
소득 불균형을 키워
부자와 가난한 자를 만든다.

식투자를 시작했고, 고등학교 때에는 부동산을 매입해 임대료를 벌었다.

아이에게 돈 불리는 법에 대해 알려주기 위해서는 부모의 노력이 필요하다. 투자를 시작하기 위해서는 어느 정도의 경제 지식이 필요한 데다 아이에게 올바른 경제관을 함께 심어줘야 하기 때문이다. 그렇다고 겁낼 필요는 없다. 관심이 생겼다는 것만으로, 이 책을 읽고 있다는 것만으로 이미 과거보다는 진일보한 것이니까.

사실 아이가 재산소득을 얻는 손쉬운 방법이 있기는 하다. 부모가 재산을 주는 것이다. 아무런 대가를 치르지 않고 얻어지는 소득을 '이전소득'이라고 부른다. 상속 또는 증여, 정부 등으로부터 받는 보조금뿐 아니라 아이들에게 조건 없이 꼬박꼬박 주는 용돈 역시 이전소득이다.

부모가 자녀에게 넉넉한 재산을 주면 자녀는 굳이 노동할 필요가 없다. 없는 돈 불려보겠다며 밑천 마련하느라 머리 아픈 금융 공부를 해야 할 필요도 없다. 하지만 부모의 재산이 아이에게 이전되는 것이 정말 아이를 사랑하는 방법일지에 대해서는 곰곰이 생각해 볼 필요가 있다. 세계 최고 부자인 빌 게이츠가 자녀들에게 일주일에 1달러의 용돈만 준 이유는 무엇일까? 재산의

95퍼센트를 상속하지 않고 기부해 버린 이유는 무엇일까? "원하는 것을 너무 쉽게 얻으면 세상 살아가는 법을 잊어버린다." 빌 게이츠가 자녀에게 '짠돌이'인 이유다.

물려줄 것이 있는 사람도, 물려줄 것이 없는 사람도, 자녀의 투자 교육은 필수다. 투자 교육은 경제 용어를 외우게 한다거나 주식 차트를 공부시키는 것이 아니다. 어려서부터 돈을 모으는 방법을 배우고 올바른 투자 습관을 갖게 하는 것이다.

살벌한 자본시장에서 살아가는 법을 터득하도록 돕고 싶은 나와 같은 부모라면, 더군다나 물려줄 재산이 별로 없는 나와 같은 부모라면, 당장 돈 모으는 방법을 가르치자.

미켈란젤로가 그린
시스티나 성당 천장화 중
<아담의 창조>를 변형.

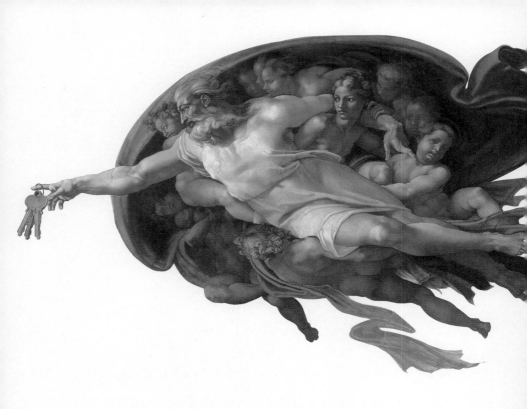

아이가 재산소득을 얻는 가장 쉬운 방법은
부모의 재산을 상속받는 것이다.
재산의 95퍼센트를 기부한 빌 게이츠는 이렇게 말했다.
**"원하는 것을 너무 쉽게 얻으면
세상 살아가는 법을 잊어버린다."**
부자들은 재산 대신 돈 버는 지혜를 물려준다.

브레이크 없는 욕망을 통제하는
네 개의 계좌

아이가 돈을 모아야 하는 이유는 무엇일까? 아니, 질문을 바꿔야 겠다. 아이에게 왜 어릴 때부터 돈을 모아야 하는지 가르친 적이 있는가?

앞서 얘기한대로 소비, 저축, 투자, 기부 네 가지 목적에 따라 돈을 관리해야 하지만, 돈을 모으는 가장 큰 전제는 바로 '자녀의 독립을 준비하기 위해서'가 되어야 할 것이다. 부모가 돈을 가르치는 이유는 바로 아이가 어른이 되어 홀로서기를 할 수 있도록 돕기 위해서다.

부모가 아이에게 상속하지 않는 이상 아이들이 가질 수 있는 돈은 푼돈 수준이다. 하지만 그 푼돈을 무시하면 안 된다. 푼돈이

10년, 20년 모이면 목돈이 될 수 있다. 아이가 집안일 등 아르바이트로 번 돈, 할아버지 할머니에게 받은 돈, 세뱃돈, 남은 용돈 등을 차곡차곡 모으면 10년 뒤에는 아이가 부모에게서 경제적으로 독립할 수 있는 종잣돈이 된다. 반대로 돈이 생길 때마다 옷 사고, 장난감 사고, 피자 사 먹고 나면 종잣돈은커녕 스스로 모아 놓은 돈 한 푼 없이 스무 살 성인식을 맞게 될 것이다.

우선 돈을 모으기 시작할 때 가장 먼저 할 일은 아이와 통장의 목적을 정하는 것이다. 프라이빗뱅커(PB)와 재테크 전문가들이 공통으로 꼽는 돈을 잘 관리하는 방법은, 목적에 따라 여러 가지 통장을 만드는 것이다. 적어도 3개의 은행 통장과 1개의 주식거래계좌를 만들 것을 추천한다.

첫 번째 반드시 만들어야 할 통장은 절대로 돈을 빼 쓰지 않는 통장이다. 출금 금지 기한은 가족 인생 설계를 하며 정했던 자녀의 독립시기까지다. 일명 '독립자금 통장'이다. 은행의 정기예금 상품을 선택하면 무난하다. 최근 저금리 기조로 정기예금은 연 1퍼센트 대 금리밖에 주지 않는다. 금리 수준이 아쉽더라도 이 통장은 어느 이유에서건 중간에 빼 쓰지 않아야 하고 안전성이 담보돼야 하므로, 원금이 100퍼센트 보장되는 예금 상품이 적합하다. 정기예금 대신 주택청약종합저축으로 통장을 만들면 매년

부모가 돈을 가르치는 이유는
아이가 어른이 되어 홀로서기할 때를 대비해서다.
푼돈일지라도
10년, 20년 돈을 모으고 관리한 경험은
아이가 독립할 때 가장 강력한 추진력이 될 것이다.

은행에 가지 않고 예금을 자동 갱신하는 효과가 있다. 시중은행이 아닌 저축은행에서 정기예금 상품에 가입해도 괜찮다. 저축은행은 시중은행보다 항상 금리가 높다. 5000만 원까지 예금자 보호가 되기 때문에 5000만 원 미만으로 저축하면 위험하지 않다.

두 번째 통장은 아이가 하고 싶은 꿈을 담은 '꿈 통장'이다. 저금통 4개 중 '투자통'에 일정 금액이 모이면 '꿈 통장'으로 옮기면 된다. 여행, 휴대전화 교체, 콘서트 입장권 구매, 학원 등록 등 본인이 하고 싶은 일을 이루기 위해 또는 사고 싶은 것을 사기 위해 돈을 모으는 용도다. 이 통장은 일정 기간 뒤에 빼서 쓸 수 있도록 '자유적립식 적금'으로 계좌를 만들면 좋다. 정기적으로 돈을 넣을 필요가 없는 자유적립식 적금은 아이들이 돈이 생길 때마다 비정기적으로 저축하기 딱 좋은 상품이다.

꿈 통장 겉표지에는 돈을 모으는 목적과 적립금 목표를 적어두도록 하자. 아이가 꾸준히 적금을 부어 목표를 달성하면 드디어 적금을 깰 수 있게 된다. 엄마가 잘 사주지 않는 360색 전문가 색연필을 갖기 위해서건, 피겨 스케이팅 개인 강습을 위해서건, 오사카 유니버설스튜디오의 '해리포터 빌리지' 여행을 위해서건 어떤 꿈이든 상관없다. 작은 꿈이든 큰 꿈이든 그동안의 노력으로 꿈을 실현했을 때 아이들이 맛볼 수 있는 짜릿한 성취감은 그

꿈 통장은 아이들이 돈이 생길 때마다 저축할 수 있는 자유적립식 적금 계좌를 이용하고, 겉표지에는 돈을 모으는 목적과 적립금 목표를 적어두도록 하자.

무엇과도 바꿀 수 없는 경험이 된다.

여기서 한 가지 짚고 넘어가자. 적금이나 예금을 들 때 복리와 단리 중 무엇을 선택하는 것이 유리할까? 단리는 원금에만 이자가 붙는다. 우리가 가입한 적금 대부분이 단리 방식이다. 복리는 '원금+이자'에 다음번 이자가 붙는다. 1년, 2년은 큰 차이가 없지만 10년, 20년 장기로 복리 저축을 하면 차이가 눈덩이처럼 커지는 '복리의 마법'이 일어난다.

예를 들어 이자가 2퍼센트일 때 매월 10만 원씩 30년 동안 적금을 붓는다고 가정하자. 단리의 경우 이자가 30년 동안 1083만 원 나온다. 여기에 15.4퍼센트의 세금을 떼고 나면 총 4516만 원을 받을 수 있다. 복리 상품이라면 어떨까? 이자가 1335만 원으로 단리보다 252만 원 더 많다. 세금 떼고 내 손에 들어오는 돈은 총 4729만 원이 된다. 이자가 붙는 방식만 보면 복리 적금이 당연히 저축하는 사람들에게는 유리하다. 금액이 많을수록, 저축 기간이 길수록 복리는 마법을 잘 부린다.

그러나 이자를 줘야 하는 은행 입장에선 복리 적금을 찾는 고객이 그리 달갑지는 않을 것이다. 그러다 보니 시중 은행에서 복리 적금 상품 찾기가 쉽지 않다. 복리 상품이 있더라도 기본금리가 단리보다 낮은 경우가 태반이다. 만약 단리 상품 금리 수준과 같은 복리 상품이 나온다면, 그건 무조건 가입하는 게 남는 장사다.

은행에 가기 전에 금융감독원의 금융상품통합비교공시 사이트인 '금융상품 한눈에(finlife.fss.or.kr/main/main.do)'에서 미리 예금, 적금 상품들을 살펴보고 가자. 저축금액과 저축예정기간, 지역에 따라 어떤 상품이 이자가 높은지 비교해 볼 수 있다. 하지만 금융회사의 모든 상품이 등록된 것은 아니니 실제 은행 창구에 가서 반드시 금리를 많이 주는 예·적금이 있는지, 추가 금리를 받는 방법이 있는지 물어봐야 한다.

세 번째로 만들어야 할 통장은 '용돈 통장'이다. 용돈의 사전적 정의는 개인이 자질구레하게 쓰는 돈, 특별한 목적을 갖지 않고 자유롭게 쓸 수 있는 돈을 말한다. 용돈 통장은 수시입출금 통장으로 만드는 것이 적합하다. 말 그대로 필요할 때 돈을 넣었다

뺐다 할 수 있는 통장이다. '독립자금 통장'과 '꿈 통장'에 넣는 돈을 제외하고는 용돈 통장으로 관리하면 된다. 저금통 중에 '소비통'에 있었던 돈이 바로 용돈 통장에 들어간다. 소비통을 쓰고 있는 아이라면 한 달에 한 번씩 정산해, 남은 돈은 반드시 용돈 통장에 입금하도록 유도하자.

체크카드가 없는 만 12세 미만 아이들은 일단 용돈 통장에 돈이 들어가면 소비를 크게 줄일 수 있는 효과가 있다. 수시입출금 통장이라고 해도 출금을 하려면 은행에 직접 가야 해서 막상 물건을 사려고 할 때 돈을 빼 쓰기가 여간 귀찮은 게 아니다. 하지만 체크카드를 만들 수 있는 만 12세 이상 아이들은 다르다. 용돈 통장은 아이가 자유롭게 쓸 수 있는 통장이다 보니, 너무 많은 돈이 들어있으면 체크카드를 긁으면서 과소비나 충동적인 소비를 하게 될 가능성이 있다.

그래서 수시입출금 통장은 자녀와 상의해 예치금액 상한선을 정하는 것이 좋다. 상한선 적정 수준은 개인마다 천양지차이겠지만, 대개 6개월 이내 쓸 수 있는 소비 지출 규모 정도면 적절하다. 상한선을 어떻게 정해야 할지 몰라 너무 막연하다면, 초등학생은 10만~30만 원, 중고등학생은 30만~60만 원 수준 정도로 생각해 볼 수 있다. 예치금액이 상한선을 넘어가면 '독립자금 통장'이나 '꿈 통장'으로 이체해 미래를 준비할 수 있게 하자.

욕망을 통제하는 4개의 통장

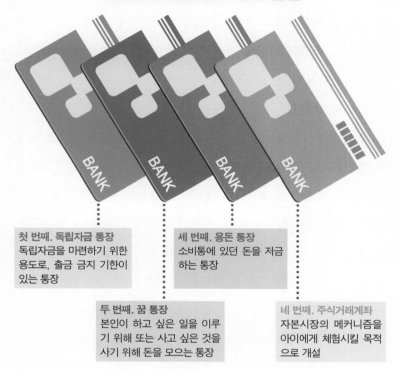

첫 번째. 독립자금 통장
독립자금을 마련하기 위한 용도로, 출금 금지 기한이 있는 통장

세 번째. 용돈 통장
소비통에 있던 돈을 저금하는 통장

두 번째. 꿈 통장
본인이 하고 싶은 일을 이루기 위해 또는 사고 싶은 것을 사기 위해 돈을 모으는 통장

네 번째. 주식거래계좌
자본시장의 메커니즘을 아이에게 체험시킬 목적으로 개설

네 번째로 만들어야 할 통장은 주식거래계좌다. "어머님은 주식이 싫다고 하셨어. 주식 하는 사람하고는 절대 결혼하면 안 된다셨어."라고 말하는 사람들이 아직도 있을까? 주식이 투기라는 말은 옛말이 됐다. 세상이 바뀌었다! 주식투자는 이제 더 이상 기피 대상이 아니다. 저금리 기조가 깨지지 않는 한 은행 상품만

으로는 돈을 불릴 수 없는 시대를 살고 있기 때문이다. 주식투자는 기업의 성장과 함께 배당 수익과 시세차익을 함께 얻을 수 있는 재테크 방법의 하나로 자리 잡고 있다. 부동산 투자는 거액의 자산이 필요하지만, 주식투자는 자투리 돈으로 시작할 수 있다는 점도 매력적이다.

하지만 주식투자는 원금이 손실될 가능성이 있다는 것을 자녀에게 반드시 미리 알려야 한다. 자녀들의 주식투자는 세뱃돈이나 삼촌이 오랜만에 준 용돈 등 자투리 여윳돈을 활용해야 하는 이유다. 주식은 예금과는 달리 '위험자산'이라 불린다. 위험자산은 잉여금, 즉 남는 돈으로 투자해야 한다. 독립자금 마련이나 꿈을 이루기 위한 목적의 자금을 만드는 방법으로 주식투자는 적당하지 않다.

자녀의 주식거래계좌를 만드는 이유는 시세차익을 바라고 주식에 투자하기 위해서만이 아니다. 기업이 이익을 거두고 주주들에게 배당하고 주가가 상승하는 자본시장의 메커니즘을 아이에게 체험시키기 위한 목적도 있다. 만약 아이가 투자한 기업이 실적이 악화하고 주가가 하락해 손실을 보더라도, 기업이 위험 관리를 어떻게 하는지 공부하는 기회로 삼을 수 있다. 우리 아이가 기업과 함께 성장하며 주주(株主, 주식의 주인)로서 기쁨을 맛볼 기회를 얻게 된다면 그것이 바로 성공적인 주식투자 아닐까?

주식을 산다는 건,
투자하는 회사의 지분을 취득하는 행위다.
즉, 그 회사의 주인이 된다는 의미다.
주식투자는 아이가 기업과 함께 성장하며
주주로서의 기쁨을 맛볼 기회를 열어주는 것이다.

아이의 첫 주택청약통장, 전략적으로 가입하기

초등학생 두 딸은 '독립자금 통장'을 주택청약종합저축으로 만들었다. 주택청약저축은 신규 분양 주택에 청약할 수 있는 자격이 붙은 저축상품인데, 가입 자체는 자유다. 미성년자를 포함해 누구나 가입할 수 있다는 얘기다.

이 통장의 장점은 만기가 없어서 굳이 1년마다 은행에 들를 필요 없이 정기예금을 자동 갱신하는 효과가 있다는 점이다. 자녀의 독립자금 통장으로 만든 정기예금을 매년 만기 때마다 새로 만들기 위해 은행에 가야 하는 번거로움도 없다. 은행이 문을 여는 평일에 시간을 내기 어려운 맞벌이거나, 다소 게으른 편이거나, 해야 할 일을 깜빡 잊어버리기 일쑤라면 주택청약종합저축으로 어린 자녀의 독립자금 통장을 만들길 권한다.

주택청약종합저축은 우리은행, KB국민은행, IBK기업은행, NH농협은행, 신한은행, 하나은행, 대구은행, 부산은행, 경남은행 등 9개 은행에서 가입할 수 있다. 어떤 은행 금리가 나은지 굳이 비교해 볼 필요는 없다. 주택청약종합저축은 국토교통부에서 금리를 정하기 때문에 어떤 은행에서 가입하더라도 금리가 똑같다. 변동금리가 적용되는 주택청약통장 금리는 정기예금과 비슷한 수준이다. 1년 미만은 연 1퍼센트, 1년 이상 ~2년 미만은 연 1.5퍼센트, 2년 이상은 연 1.8퍼센트가 적용된다. 이 같은 이자율은 2016년부터 2021년 2월 현재까지 적용되고 있는 것으로, 독자가 이 책을 읽고 있는 시점에는 달라질 수도 있다.

1인 1통장 원칙인 주택청약통장은 매달 2만 원 이상 50만 원 이내에서 자유롭게 납입할 수 있다. 잔액이 1500만 원 미만이면, 월 50만 원 넘게 예치할 수 있다.

아무리 갓난아이 때부터 오랫동안 주택청약저축에 가입했다 하더라도 주택 청약에 유리한 점은 없다. 미성년자일 때는 주택 청약을 할 수 없거니와 청약 저축으로 가산점을 받거나 하는 혜택을 주지 않기 때문이다. 단지, 매년 자동 갱신되는 예금통장과 같고 아이들이 주택 청약 준비에 대해 익숙해질 수 있다는 정도

청약 가점을 올리기 위해서
부모의 청약통장까지 증여받는 시대다.
아이 이름의 통장 하나 만들 때도 전략적으로 접근해야 한다.
만 17세에 청약통장을 만들면,
가장 어린 나이에 가장 높은 가점을 받을 수 있다.

의 의미, 그 이상도 이하도 아니다.

하지만 만 17세부터는 얘기가 달라진다! 17세가 되기 전에 독립자금용 주택청약통장을 일반 예금통장으로 갈아타야 한다. 그리고 만 17세가 되면 새로운 주택청약통장을 만드는 것이 현명한 재테크 방법이란 사실을 반드시 기억할 필요가 있다.

현행 규정상 주택 청약 자격은 만 19세부터 생긴다. 높은 청약 순위를 따내기 위해서는 청약통장 가입 기간이 길수록, 많은 횟수를 납입할수록, 많은 적립금을 쌓을수록 유리하다. 그런데 만 19세로부터 최대 2년 전, 즉 만 17세부터는 가입 인정 기간에 포함된다. 내 아이가 '분양 로또'라고 불리는 주택 청약 당첨에 가까이 가기 위해서는 고등학교 2학년 때부터 준비할 필요가 있다는 얘기다. 만 17세 때 주택청약통장을 만들어 15년을 유지해 만 32세가 되면 주택청약통장 가입 기간으로는 가장 높은 가점을 가장 어린 나이에 받을 수 있다. 최소 24개월간 꼬박꼬박 납입하고 1500만 원을 예치하면 다양한 평형대의 분양 청약에 유리하다는 점도 잊지 말자.

초등학교 때 독립자금 통장으로 주택청약저축을 개설한 뒤에 아무 생각 없이 따박따박 오랜 기간 돈을 넣기만 하다가는, 정작 독립할 시기에 낭패를 보게 된다. 주택정약저축은 중간에 돈을 인출할 수가 없고 통장을 여러 개 만들 수도 없기 때문이다. 자칫 자녀가 주택 청약 때 가입 기간 항목에서 높은 점수를 못 받을 뿐 아니라, 독립시기에 목돈을 활용할 수도 없는 최악의 상황을 맞을 수 있다. 한 마디로 멍 때리고 있으면 안 된다는 뜻이다. 미성년자 자녀의 나이에 따라 달라지는 금융 환경에 대해 보호자인 부모가 열심히 공부하고 자녀에게 가르치고 적절히 대처할 수 있어야 한다.

만약 당신의 자녀가 또는 당신이 만 19~34세이고 아직 주택청약통장이 없는 무주택자라면, 묻지도 따지지도 말고 지금 당장 '청년우대형 주택청약종합저축'에 가입하길 권한다. 청년우대형 주택청약종합저축은 연 3000만 원 이하 소득의 사회 초년생들에게 내 집 마련 기회를 주기 위해서 일시적으로 만든 상품이다. 우대 금리를 적용해 최고 연 3.3퍼센트 금리를 받을 수 있다. 원금에 붙는 이자소득에 대해 비과세가 적용되고 연말정산 시 소득공제도 가능하다. 가입 기간은 아쉽게도 2021년 말까지다. 가입기간 연장 여부는 국토부에서 결정한다. 이 책을 읽은 시기가 이미 가입 기간 끝난 뒤라면? 어쩌겠나. 자녀를 위해 일반 청약통장 가입이라도 바로 실행에 옮기자.

벼락거지될까 걱정할 시간에, 계좌부터 개설하라!

미국에서 한국으로 귀국한 뒤 첫 여름휴가는 은행에서 시작했다. 아이들에게 통장을 빨리 만들어주고 싶어서다. 맞벌이 부모는 은행 개점시간(평일 오전 9시~오후 4시)에 아이를 데리고 은행에 가기가 쉽지 않다. 마음먹고 평일 날 하루 휴가를 내더라도 아이들 스케줄이 바빠 시간 맞추기가 어렵다. 나도 쉬고 아이들도 쉬는 여름휴가 때 가장 먼저 통장을 만든 뒤 여행을 떠날 것이라고 몇 달 전부터 단단히 마음먹었던 터였다.

집에서 가장 가까운 은행 지점에 미리 전화해서 준비할 서류를 메모하고 남편에게 서류 준비를 부탁했다. 미성년자 계좌 개설 절차는 생각보다 까다롭다. 대포통장 사고를 막기 위해 그렇단다. 은행마다 요구하는 것이 조금씩 다른데 일반적으로는 자녀 이름으로 뗀 기본증명서(상세), 가족관계증명서(일반), 부모 신분증 그리고 도장이 필요하다. 도장은 부모의 것도 되고 자녀의 것도 되는데 이참에 자녀 도장을 만들어 줘도 좋다. 증명서의 주민등록번호는 '전부 공개'를 선택해야 한다.

드디어 휴가 첫날 아침, 아이들과 신 나게 은행으로 갔다. 월요일 오전이라 그런지 사람이 많아 대기 시간이 길었다. 아이들은 통장이 생긴다는 마음에 들떠서인지 잘 참아주었고, 드디어 우리 차례가 왔다. 남편이 준비해온 서류를 은행 창구에 야심 차게 내밀었다.

"고객님. 증명서들은 통장 개설하는 아이들 이름으로 떼셔야 하는데요. 아버님 이름으로 떼어오셨네요."

은행 직원은 서류를 다시 떼어오라고 했다. 두 딸은 급 실망한 채 은행 문을 나섰다. 약속한 오후 일정이 있으니 내일 아침 일찍 다시 은행에 오자며 아이들을 달래야 했다.

다음 날 아침 우린 또 은행으로 갔다. 그날따라 아침부터 푹푹 찌는 더위 때문에 움직이기 싫어하는 아이들을 다그치며 끌고 갔다. 남편은 아이들 이름으로 뗀 증명서를 은행 창구에 냈다. 그런데 은행 직원이 다시 난감한 표정을 지었다.

"아이들 이름으로 증명서를 뗀 것은 잘하셨는데요. 주민등록번호 뒷자리가 공개 안 돼 있네요. 주민등록번호가 모두 공개된

자신의 이름이 새겨진 통장이 생기면,
아이는 자신이 '돈의 주인'이라는
생각이 확고해진다.

증명서를 가지고 오셔야 합니다. 아버님."

"오늘도 안 되는 거야?"

두 딸은 조용한 은행에서 큰 소리로 징징댔다. 내가 죄인이다!
남편한테 서류를 맡긴 내가 죄인이지 누굴 탓하리. 부글부글 거
리는 마음을 진정시키며 다시 서류를 떼어왔다. 결국 우리는 세
번 만에 아이들 명의의 통장 개설에 성공했다. 통장을 만들면 아
이들 독립자금 모으기가 시작된 것이나 다름없다. 은행에 세 번
왔다 갔다 한 우리 가족한테는 더 그랬다. 단 한 번에 통장 개설
에 성공한 대부분의 가족도 감회가 새로울 것이다. 아이들 이름
이 새겨진 통장이 생긴 그때부터, 부모와 아이들의 마음가짐은
확실히 달라진다.

자녀가 만 12세 이상이라면 은행에 간 김에 체크카드를 함께
발급할 만하다. 체크카드 발급에는 사진과 이름, 생년월일, 학교
장 직인이 찍힌 학생증, 여권, 주민등록증, 주민등록초본 등 인적
사항을 증명할 신분증이 필요하다. '소비통장'으로 만든 수시입
출금통장과 연계해 체크카드를 만들어 놓으면 아이가 현금을 들
고 다닐 필요가 없다. 학원 오갈 때, 분식집에 들를 때나 편의점
에서 컵라면 먹을 때, 문구점에서 노트 살 때도 편하게 체크카드
만 긁으면 된다. 수시입출금통장 예치금 내에서만 체크카드를 사

용할 수 있다. 따로 용돈기입장을 쓰지 않아도 카드명세서를 보면 매달 정산하기 편하고 소비습관도 확인할 수 있다.

이왕 체크카드를 만들 거라면 후불교통 기능까지 탑재하는 것이 좋다. 과거 미성년자들은 교통카드를 선불로 충전해 이용하는 이른바 '버카충(버스 카드 충전)' 방식만 가능했다. 2020년 4월부터는 청소년 체크카드에 후불교통카드 기능을 더할 수 있게 됐다.

체크카드 외에 청소년 신용카드도 나온다. 체크카드와 신용카드는 다르다. 체크카드는 통장에 잔액이 있을 때에만 사용할 수 있지만, 신용카드는 통장 잔액이 필요하지 않다. 먼저 신용카드를 긁어 소비한 후 나중에 신용카드회사에 돈을 갚는 구조다. 그동안은 만 19세 이상의 성인만 신용카드를 발급받을 수 있었다. 정부는 혁신금융서비스의 일환으로 2021년 6월부터 만 12세 이상 청소년에게도 보호자(부모)의 신청에 한해 신용카드를 발급하기로 했다. '엄카(엄마카드)' '아카(아빠카드)' 그리고 체크카드를 썼던 청소년들이 '신용카드'라는 선택지가 더 생긴 것이다.

고정 수입이 없고 신용이 없는 미성년자가 어떻게 신용카드를 발급받을 수 있을까? 보호자의 신용으로 청소년에게 가족카드를 발급하는 특례를 적용한다는 게 정부의 방침이다. 우선, 2년간 시범 운영 계획에 따라 삼성카드와 신한카드에서만 청소년 신용카드를 출시한다. 사용 한도는 원칙적으로 월 10만 원(결제 건당 한도 5만 원)인데, 부모의 요청이 있으면 한도를 최대 월 50만 원까지 늘릴 수 있다. 사용 업종도 정해져 있다. 교통, 문구, 서점, 편의점, 학원 등으로 사용처가 제한된다. 청소년 신용카드는 가족카드이기 때문에 보호자가 신청해야 발급받을 수 있다. 보호자가 신분증 사본, 휴대전화·공인인증서를 통한 본인인증, 자녀의 정보(성명, 관계, 휴대전화 번호 등)를 카드사에 제출하면 청소년 신용카드를 발급해 준다. 비대면으로도 발급받을 수 있다.

하지만 체크카드를 쓸 수 있는데도 불구하고 굳이 아이 명의의 신용카드를 쥐여줘야 할 필요가 있을까? 미성년자 신용카드 부작용에 대해 우려하는 목소리가 많은 데도 말이다. 사용 한도와 사용처를 제한한다더라도 신용카드 오남용이나 각종 금융범죄에 노출될 가능성을 배제할 수는 없다. 아이들은 빚이 얼마나 무서운 것인지, 신용 관리가 얼마나 중요한 것인지 체험하지 못한 상태에서 신용카드를 긁는 습관을 갖게 될 것이다. 조금 편하자고 신용카드를 만들어 줬다가 미래 신용불량의 싹이 틀 수도 있다. 정부가 '혁신'이란 이름의 카드사 마케팅에 휘둘린 것 아니냐는 지적이 괜히 나온 말은 아니다.

중고등학생 사이에선 신용카드 편법 사용에 대한 얘기들이 오가기도 한다. 편의점 기프트카드를 통해 게임머니를 충전하거나

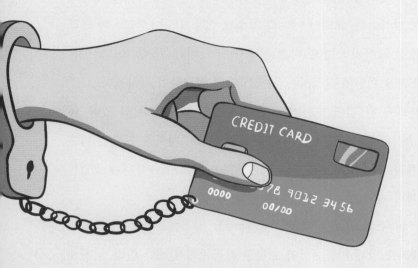

2000년대 초반 카드사들이
마구잡이로 카드를 발급한 결과,
300만 명 넘는 사람이
신용불량자가 됐다.

**작은 플라스틱 카드 한 장이
아이 인생의 잘못 끼워진
'첫 단추'가 될 수 있음을
간과해서는 안 된다.**

서점과 문구점에서 산 물건을 중고시장에 내다 팔아 현금화하는 등의 방식이다. 그뿐만 아니라 청소년 신용카드는 학교폭력 가해자가 돈을 상납받는 또 다른 창구가 될 것이란 우려도 있다. 신용교육의 중요성에 관해서는 뒤에서 다시 언급하기로 하겠다.

은행에 간 김에 한꺼번에 만들면 좋은 것이 하나 더 있다. 바로 주식거래계좌다. 어른이라면 온라인으로 계좌를 만드는 비대면 계좌 개설이 가능하지만, 미성년자는 반드시 은행이나 증권사에 직접 가서 계좌를 만들어야 한다.

국내 주식 외에 해외 주식을 매매할 계획이라면 해외 주식거래계좌도 함께 만들어달라고 창구 직원에게 말해야 한다. 사전에 해외 주식거래계좌를 만들 수 있는 은행을 확인하는 것도 잊지 말아야 한다. 증권사별로 해외 주식거래계좌를 만들 수 있는 은행이 정해져 있어서다. 예를 들어 키움증권의 경우 국내 주식거래계좌 개설은 대부분 은행에서 가능하지만, 해외 주식거래계좌 개설은 KB국민은행, 우리은행, IBK기업은행, 하나은행, 신협 등 다섯 곳에서만 가능하다.

주식거래계좌를 개설하기 위한 서류는 은행 통장 발급에 필요한 서류와 거의 같으므로 한 번에 은행 예금통장과 주식거래계좌를 만들면 부부 싸움할 일이 줄어든다. 서류는 아빠와 엄마 중 더 꼼꼼한 사람이 챙길 것을 강력히 권고한다.

아빠 엄마가
'주린이'라도 괜찮아!

자녀와 주식투자를 하고 싶은 마음은 굴뚝 같지만 어떻게 해야할지 몰라 망설이고 있는 '주린이' 부모를 위해 준비했다. 왕초보라도 10분만 읽으면 이해되는 주식거래계좌 만들기!

이대로 차근차근 따라 해보자. 먼저 계좌를 개설할 증권사를 선택해야 한다. 주식을 사고팔 때는 증권사가 매수인과 매도인을 중개해준다. 중개자인 증권사에 계좌를 만들면, 그 증권사의 중개 플랫폼 안에서 매매대금이 오고 간다. 국내 증권사는 60개가 넘는다. 단순히 주식매매만 할 것이라면 수십 개 증권사 중 어느 곳을 고를지 끙끙대고 고민할 필요는 없다. 주거래 은행과 제휴가 된 증권사 중 수수료가 싼 곳, 적당한 고객서비스를 받을 수 있도록 이름이 익숙한 곳을 선택하면 된다.

과거에는 거주지나 근무지에서 가까운 지점이 있는 증권사를 선택하는 경우가 많았지만, 이제는 지점을 방문하지 않아도 온라인으로 손쉽게 주식을 거래할 수 있기 때문에 굳이 '거리적 접근성'을 따질 필요가 없어졌다. 온라인으로 주식 매매를 하는 시스템인 증권사의 홈트레이딩시스템(HTS)과 모바일트레이딩시스템(MTS)의 수준 차이를 심각하게 고려하지 않아도 된다. 초보 투자자들이 이용하기에 시스템은 대동소이하다.

주식거래계좌를 만들기 전에 미리 증권사별 주식거래수수료를 비교해 보면 좋다. 주거래 은행과 제휴를 맺은 증권사 가운데 수수료가 가장 싼 곳이 어딘지 살펴보자. 금융투자협회 전자공시 서비스(dis.kofia.or.kr) 사이트에서 '금융투자 회사공시' 메뉴를 클릭한 뒤 '금융투자회사 수수료 비교'를 선택하면 주식거래수수료를 증권사별, 계좌 형태별로 비교해 볼 수 있다. 대부분 지점에서 오프라인으로 계좌를 개설하는 것보다 HTS와 MTS 등 온라인 계좌를 개설할 때 수수료가 싸다.

HTS와 MTS로 거래하는 온라인 수수료는 대부분 거래 대금의 0.5% 미만이다. 수수료 그까짓 것 아껴봤자 푼돈이라고 생각하면 오산이다. 수수료는 주식을 살 때 떼고, 팔 때도 뗀다. 팔 때

금융투자협회 전자공시서비스 사이트에서 주식거래수수료를 증권사별, 계좌 형태별로 비교해 볼 수 있다.

가까스로 원금을 건진 상태이거나 손실이 나서 속이 쓰린 상황
이라면, 증권사 수수료에 증권거래세까지 떼어진 잔액을 보는 순
간 스멀스멀 분노가 올라오기도 한다. 사고팔기를 반복하는 경우
에는 수수료에 더욱 민감해진다. 하지만 어린이건 주린이 건 잦
은 매매는 금물이다!

증권사 간 수수료 인하 경쟁에 처음 불을 붙였던 키움증권은
매매 수수료가 0.015%다. 주식을 100만 원어치 매수하면 수수
료로 150원을 내는 식이다. NH투자증권, 한국투자증권, 미래에
셋대우 등 다른 대형증권사도 0.015% 밑으로 수수료를 책정한
특정 온라인 계좌가 있으니 비교해 볼 만 하다.

증권사를 선택했다면 이제 실제 계좌를 열어보자. 미성년자
는 비대면으로 계좌를 만들 수 없으므로, 자녀의 주식거래계좌를
개설하기 위해선 직접 금융회사를 방문해야 한다. 주식거래계좌
를 만들 때 필요한 서류는 앞서 은행 계좌를 개설할 때와 비슷하
다. 자녀 이름으로 뗀 기본증명서(상세), 가족관계증명서, 부모 신
분증 그리고 자녀의 도장이 필요하다. 증명서의 주민등록번호는
'전부 공개'를 선택해 주민등록 열네 자리 수가 다 보여야 한다는
점을 다시 한 번 강조한다. 벌써 세 번째 언급이다. 이 책의 독자
들은 서류 미비로 계좌를 한 번에 개설하지 못하고 허탕 치는 경
우는 없으리라 믿어본다.

MTS의 현재가 창   MTS의 주문 창

    주식거래계좌를 개설한 다음은, 주식 매매 시스템을 깔 차례다. 각 증권사 홈페이지에 가면 HTS와 MTS를 내려받을 수 있다. 컴퓨터에는 HTS를 깔고 휴대전화에는 MTS를 깐다. 주식 매매 시스템들을 처음 접하고 복잡하다 느껴진다면, 두 개의 창과 먼저 친해져 보자. 하나는 '현재가' 창이다. 주식의 이름과 현재가,

현재가와 주문 창에 어느 정도 익숙해졌다면 다른 창들도 이리저리 살펴보자. 투자에 참고할 많은 정보가 주식 거래 시스템을 통해 실시간 업데이트된다.

매수호가, 매도호가, 거래량이 각각 어디에 표시되는지 확인할 수 있다. 또 하나는 '주문' 창이다. 매수, 매도 주문을 입력하는 위치를 알아놓는다.

현재가와 주문 창이 어느 정도 익숙해졌다면 다른 창들도 이리저리 살펴보자. 코스피·코스닥 지수 추이, 업종별 등락, 투자자별 매매 현황, 기업 공시, 증권사 리포트, 종목 분석 등 투자자라면 참고해야 할 수많은 정보가 주식 거래 시스템을 통해 실시간 업데이트된다.

막상 계좌를 만들고 나서 실제 거래는 시작하지 않는 사람들도 많다. 처음 주식투자를 시작하는 것에 두려움을 느껴서다. 그럴 땐 먼저 모의투자를 이용해보면 감이 좀 잡힌다. 요즘 웬만한 증권사는 모의투자 서비스를 제공하고 있다. 증권사 홈페이지에서 모의투자 참가 신청을 한 뒤 HTS에 모의투자로 접속하면 실제 매매하는 것과 같은 방식으로 가상의 매매를 해 볼 수 있다. 주식매매 프로그램에 적응하기에는 모의투자만 한 게 없다.

1분 만에 자녀의 투자 성향 파악하기

2017년 3월 삼성전자 주주총회에 열두 살짜리 주주가 등장했다. 삼성전자 주식 2주를 갖고 있다는 유 군이 주인공이다. 당시 삼성전자 주가가 주당 200만 원이 넘었던 시절이니, 유 군은 초등학생 때부터 400만 원 이상을 보유한 자산가였던 셈이다. 유 군은 그동안 모은 용돈으로 삼성전자 주식을 샀다고 했다.

유 군이 어린 나이에 용돈을 모아 주식을 샀다는 것도 놀랍지만, 더 놀라운 점은 주주총회에 참석했다는 것이다. 더욱 더 놀라운 것은 12살짜리 소년이 주주총회에서 당당하게 주주로서 의견을 밝혔다는 점이다. 유 군은 "앞으로 '갤럭시 노트7'과 같은 폭발이 없었으면 좋겠다"고 발언했다. 그전 해에 '갤럭시 노트7'이

출시되자마자 폭발사고가 터지면서 삼성전자가 겪었던 신뢰 타격과 주가 급락을 더이상 반복하지 말라고 지적한 것이다. 유 군은 권오현 삼성전자 회장(당시 부회장)으로부터 "좋은 제품을 만들도록 노력하겠다"는 약속도 받아냈다. 권 회장은 유 군의 주주총회 참여에 대해 "역사에 길이 남을 일"이라고 놀라워했다.

유 군은 단지 주식투자만 한 게 아니다. 삼성전자 주식 2주를 가지면서 기업의 가치가 무엇인지, 주주가 되는 게 어떤 의미인지 직접 체험하며 배웠다. 주식을 소유함으로써 유 군은 실물경제에 대해 또래 아이들보다 일찍 눈 뜨게 되었다.

자녀의 생일이나 성탄절, 명절을 앞두고 어떤 선물을 줄지 고민된다면 주식을 선물하면 어떨까? 아이들에게 친숙한 기업의 주식으로 시작하면 주식투자에 대한 관심을 불러일으키기 쉽다. 게임에 빠진 아들에겐 게임주, 아이돌을 쫓아다니는 딸에게는 엔터테인먼트주를 단 몇 주라도 선물해 보는 거다. 아이들이 속해 있는 팬덤 세계의 경제적 효과에 관한 지적 호기심을 자극하는 것을 목표로 말이다.

아이에게 주식을 선물하면 좋은 이유가 또 있다. 부모와 아이가 관심사를 공유하게 됨으로써, 밥상에서 이야기할 거리가 생긴다는 것이다. 그 가운데 아이들은 경제 이슈에 자연스럽게 접근

어렸을 때부터 주식에 투자하며
기업의 경영 전략, 위기관리 방법 등을
공부하며 자란 아이는
스펙만 쌓아온 아이와는
전혀 다른 시각과 생각을 갖게 된다.

아이들에게
주식을 선물하는 게
대세라는구나!
호호호

하게 된다.

자녀가 주식거래계좌를 개설했다면 주식 선물하기는 어렵지 않다. 자녀 계좌로 현금을 증여한 뒤 주식을 매수하게 하는 방법과 부모가 매입해 보유 중인 주식을 증여하는 방법 두 가지가 있다. 다만, 현금이 아닌 주식을 자녀에게 선물할 땐 알아둬야 할 것이 있다. 부모 계좌에서 주식을 매수한 당일에는 바로 자녀에게 선물할 수 없다는 사실이다. 주식은 '3일 결제 시스템'을 따른다. 주식을 매수한 날은 주문 체결이 완료되고, 그 날로부터 영업일 기준 이틀 밤이 지나야 주식이 입고돼 자녀에게 증여할 수 있다. 만약 월요일에 주식을 매수했다면 '매수일+2일'인 수요일에 자녀에게 선물할 수 있다. 즉 자녀 생일이 수요일이라면, 월요일에 매수해놓아야 생일선물로 주식을 줄 수 있다는 얘기다.

아이들이 당장 주식에 시큰둥하더라도 실망할 필요는 없다. 선물 받은 주식의 주가가 오르고 내리면 아이들은 점점 관심이 생기기 시작한다. 내가 가진 주식의 가치가 그만큼 커지고 작아지면서 주식시장에 대한 이해도 조금씩 늘어간다. 두 딸도 처음에는 자기 돈으로 주식투자를 하라니 뭘 잘 알지도 못하면서 반발하고 거부했었다. 그 뒤 엄마아빠 돈으로 주식을 사서 선물해주니 그때야 관심을 두기 시작했다.

동전을 던져서 앞면이 나오면
당신에게 10만 원을 드리고,
뒷면이 나오면 내게 1만 원을 주는 겁니다.
"저와 내기하시겠습니까?"

투자 성향을 가늠해볼 수 있는 질문이다.
**단박에 응한다면 공격형,
주저한다면 위험중립형,
거절한다면 안전형이다.**

두 딸에게 처음 주식투자를 해보자고 말을 꺼냈을 때 황당했던 기억이 머리를 스친다. 주식이 무엇인지부터 설명해야 했다.

"엄마가 종잣돈 100만 원으로 사무실을 빌려서 회사를 하나 차렸다고 가정하자. 엄마 회사가 무럭무럭 자라서 직원도 뽑고 건물도 더 큰 곳으로 옮겨야 하게 됐어."

이 대목에서 아이들은 물개박수를 쳤다.

"그래서 엄마 회사에 돈을 투자할 사람들을 찾았어. 10만 원씩 투자하겠다는 사람이 10명이나 모여서 회사 종잣돈이 200만 원으로 불어났어."

이 대목에서 아이들은 더 큰 물개박수를 쳤다.

"원래는 엄마 회사가 엄마 혼자 주인이었지만, 이제는 엄마를 포함해서 주인이 11명으로 늘어난 거야. 이렇게 회사의 주인이 된 사람들을 주주라고 하고, 주주들은 회사의 주인임을 증명하는 증서인 주식을 갖게 돼. 그럼 회사가 번 돈을 11명이 나눠 갖게 되는 거지. 너희도 회사의 주인이 돼보고 싶지 않아?"

그 뒤의 반응은 썰렁했다. 둘째 딸은 "그 회사, 계속 돈 잘 벌 수 있는 거야?"라며 소극적인 관심에 그쳤다. 하지만 첫째 딸은 "회사 망하면 어떻게 해? 내 돈 다 날리겠네!"라며 주식투자를 단호하게 거부했다.

아무리 나이가 어려도 투자 성향은 있다. 자녀의 투자 성향이 공격형인지 안정형인지에 따라 주식투자에 대한 접근 방법도 달라야 한다. 극도의 보수적 성향으로 추정되는 첫째 딸은 주식투자를 실행하기까지 시간이 꽤 걸렸다. 대신 주식을 선물해 천천히 관심을 유도했다. 둘째 딸은 첫째보다는 적극적인 관심을 보였다. 요즘은 기업에 대한 공부를 시작했다. 일단 스스로 관찰할 후보군은 나왔다. 카카오와 농심이다.

"너희가 어른이 될 때까지 계속 탄탄하게 영업을 할 수 있을 만한 기업이 어딜 지 생각해봐"라고 했더니 그 두 회사를 꼽았다. "카카오톡 캐릭터인 라이언이 아프리카 둥둥 섬 후계자라서 카카오 주식을 사야 해"라는 궤변일지라도, 어쨌든 아이의 의견을 존중해주기로 했다. 농심을 꼽은 이유는 굳이 설명하지 않아도 알 것 같았다. 딸이 가장 좋아하는 음식이 농심 '사리곰탕면'이다.

재테크의 마침표는 절세!
증여의 기술

많은 부모가 간과하는 것이 있다. 바로 '증여세'다. 자녀에게 주식을 선물하는 것, 또는 용돈이든 세뱃돈이든 현금을 줘서 주식을 매입하게 하는 것 모두 증여에 해당한다.

만약 자녀에게 2000만 원어치 삼성전자 주식을 넘겨줬는데 15년 뒤 2억 원까지 불어나 팔게 되면, 2억 원에 대해 과세표준(세금 계산의 기준이 되는 금액) 대비 20%의 증여세를 내야 한다. 하지만 2000만 원어치 주식을 증여했을 당시에 증여 신고만 했다면, 증여세를 한 푼도 내지 않는다. 증여에 기술이 필요한 이유다.

증여세는 다섯 단계 누진세율이 적용된다. 많이 물려줄수록 많이 떼인다. 과세표준에 따라 10~50%다. 과세표준이 1억 원 이

증여세율과 가산세율

과세표준	증여세율	구분	가산세율
1억 원 이하	10%	일반 무신고	20%
5억 원 이하	20%	부정 무신고	40%
10억 원 이하	30%	일반 과소신고	10%
30억 원 이하	40%	부정 과소신고	40%
30억 원 초과	50%	미납기간에 대한 납부지연 가산세	일 0.025%

하일 경우 10퍼센트, 30억 원을 초과할 경우 50퍼센트가 부과된다. 만약 증여 신고를 하지 않았는데 정기적인 소득이 없는 자녀가 부모로부터 받은 돈으로 주식을 매매하고 상당한 재산이 있었던 것이 드러나면, 신고 대상 금액의 20%에 해당하는 가산세까지 물어야 한다. 의도적으로 속여 신고하지 않았다면 가산세가 40%까지 올라간다.

실제 장관 후보자가 청문회를 치르는 과정에서 별다른 취업 경험이 없는 그의 자녀가 억대 재산이 있는 것이 드러났고, 사회적 논란이 돼 뒤늦게 증여세를 낸 적이 있다. 문재인 정부 첫 고용노동부 장관을 지낸 김영주 더불어민주당 의원은 2017년 고용부 장관 후보자로 지명됐을 당시 30대 딸이 2억 원 상당의 재산을 모은 것이 알려지며 논란이 됐다. 당시 김 의원은 "명절에

친인척들로부터 200만~300만 원씩 세뱃돈을 받았다, 증여세를 내야 하는지 몰랐다"고 해명했다. 하지만 딸의 증여세 탈루 논란이 일자 그때야 1500만 원의 증여세를 냈다.

장관급도 피해 갈 수 없는 게 바로 세금이다. 하지만 알면 피해갈 수 있다. 자녀가 한 푼이라도 더 자금을 모으게 하기 위해서는 부모가 법을 알아야 한다. 「상속세 및 증여세법」을 들여다보자. 현행법상 10년 동안 미성년자는 2000만 원, 성년(만 19세 이상)은 5000만 원까지 증여세가 공제된다. 즉 10년 단위로 공제한도 내에서 쪼개서 물려주면 증여세를 내지 않아도 되는 것이다.

예를 들어 아이가 태어나자마자 만 1세에 2000만 원을 증여하고, 그로부터 10년 뒤인 만 11세일 때 2000만 원을 추가로 준다. 또 그로부터 10년 뒤인 만 21세에는 성인이 됐기 때문에 5000만 원을 줄 수 있다. 이런 방식으로 자녀가 만 21세가 될 때까지 총 9000만 원을 쪼개서 증여하면 증여세를 공제받을 수 있다. 이 방법이 세금 전문가들이 추천하는 10년 주기 무상 증여 플랜이다.

공제 금액은 직계존속 즉 아빠, 엄마, 할아버지, 할머니 증여분을 모두 합친 금액이다. 이모나 삼촌 등 기타 친족 증여는 10년간 1000만 원까지 증여세가 공제된다.

즉, 자녀에게 증여세를 한 푼도 안 내고 최대한 독립자금을 지

10년 주기 무상 증여 플랜

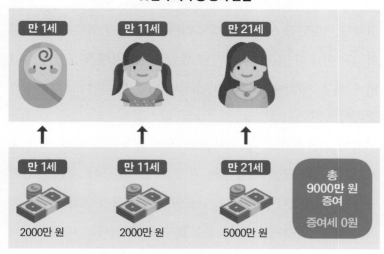

만 1세	만 11세	만 21세

만 1세	만 11세	만 21세	총 9000만 원 증여 증여세 0원
2000만 원	2000만 원	5000만 원	

증여세 비과세 기준

미성년자

10년간 **2000만 원** — 직계존속

10년간 **1000만 원** — 그 외 친척

성인 (만 19세 이상)

10년간 **5000만 원** — 직계존속

10년간 **1000만 원** — 그 외 친척

원해주고 싶다면 무조건 9세 이전에 2000만 원을 쏴줘야 한다. 그래야 미성년자 시기에 증여세 없이 물려 줄 수 있는 4000만 원 한도를 채울 수 있다. 10년마다 합산하기 때문에 연도마다 여러 번에 걸쳐, 가령 예를 들면 10년 동안 매년 생일마다 200만 원씩 증여해도 된다.

증여 기간을 쪼갤 때 주의할 점이 한 가지 있다. 증여 재산 공제는 증여일로부터 소급해서 과거 10년 치 증여 재산을 합산한 다음 공제한다는 것이다. 단순하게 10세까지 2000만 원, 다시 20세까지 2000만 원을 세금 없이 줄 수 있다는 식으로 따지다가는 생각지 못한 증여세를 떠안을 수 있다. 가령 자녀가 만 11세가 되었을 때 2000만 원을 증여하고, 증여 신고를 했다. 자녀가 고등학생이 된 기념으로, 만 15세에 다시 2000만 원을 증여하고, 증여 신고를 했다. 이번에도 내야 할 증여세가 '0원'일까? 만 15세에 2000만 원을 증여하면, 역산해서 10년을 합산해 증여세를 신고해야 하는 의무가 생긴다. 그래서 만 11세에 받은 2000만 원까지 합산해 4000만 원에 대해 2000만 원을 공제한 후, 194만 원의 증여세를 내야 한다.

증여세를 면제받으려면 '증여 기간 쪼개기'만 해서는 안 된다. 반드시 증여 신고를 해야 한다. 증여 신고를 하려면 '증여받은 사람의 주소지 관할 세무서'에 방문해 신고하게 돼 있는데, 세무서에 직접 가지 않고 온라인으로도 신고할 수 있다. 증여를 받은 자녀 이름으로 국세청 홈텍스에 가입해 증여한 달의 말일로부터 3개월 이내에 신고하면 된다. '국세청에서 알아서 고지서 날라오겠거니' 하고 기다리다간 신고 기한을 놓칠 수 있다. 증여는 자진 신고가 원칙이다.

증여 신고를 하고 나면 증여금액이 확정되는 효과가 있다. 따라서 신고 이후 증여금으로 투자해 발생한 수익금에 대해서는 세금을 물지 않아도 된다. 삼성전자 주식을 2000만 원어치 매입해 매년 배당금과 시세차익으로 총 수익이 2억 원으로 불어나더라도 증여세는 없다는 얘기다. 자녀가 본격적으로 주식투자를 시작하기 전, 증여금을 쪼개고! 반드시 신고할 것! 모르면 손해다.

'주생아'일지라도
투자 철학이 필요해!

아이가 주식투자에 관심이 생기기 시작하면 아이 스스로 투자에 도전하는 것을 준비하는 단계로 넘어갈 수 있다. 무턱대고 주식부터 사지 말고 반드시 시장과 기업을 공부하고 모의투자로 연습하며 준비 단계를 거쳐야 한다.

가장 중요한 것은 내 아이에게 적합한 투자 원칙을 세우는 일이다. 투자 고수만 투자 원칙이 있는 것은 아니다. 주식에 걸음마를 뗀 주린아 보다 더 왕초보일수록, 막 주식을 시작한 주식 신생아(주생아)일수록, 나만의 원칙을 세우고 나만의 투자 철학을 고민해야 한다. 아이들은 주식투자 신생아이니 목 가누기부터 걸음마까지 차근차근 배워나가야 한다. 투자 규모, 투자 기간, 종목 선

14살 ○○○의 주식투자 7대 원칙

1. 모르는 종목은 매수하지 않는다.

2. 착한 기업, 즉 ESG(환경·사회·지배구조) 평가가 좋은 기업을 우선한다.

3. 시가총액이 큰 종목(코스피 100위, 코스닥 50위 이내)을 고른다.

4. 풍문에 사고팔지 않는다.

5. 매년 세뱃돈의 50%와 부모장학금의 50%는 주식에 투자한다.

6. 최소 3년 이상 중장기투자를 한다

7. 주식을 사고팔 때마다 주식 매매를 복기한다.

정, 손절매(주가가 떨어질 때 손해를 보더라도 팔아서 추가 손실을 피하는 것) 기준 등 내 아이의 투자 원칙을 함께 상의해 만들어 놓자.

우선, 투자금 마련에 대한 원칙을 세워야 한다. 자녀가 주식투자를 시작할 때 투자 원금은 모두 날려도 되는 자투리 돈을 이용하도록 유도하는 게 바람직하다. 정기적으로 받는 용돈 말고 비정기적으로 생긴 세뱃돈 정도가 적당하다. 주식은 위험자산이다. 원금이 보장되지 않는다는 뜻이다. 아이가 가진 모든 돈을 박박 긁어서 영혼까지 끌어모은 '영끌' 투자 방식은 안 된다. 남에게 빌린 돈은 더더욱 안 된다.

아이가 첫 투자금을 계좌에 넣을 땐 반드시 이 질문을 해야 한다.

"이 투자금 다 날려도 감당할 수 있겠니?"

아이가 감당할 수 있을 정도의 금액이라고 한다면 오케이다.

부모의 주머니 사정이 좀 여유 있다면 자녀에게 투자금 일부를 지원해주면 좋다. 아이가 투자한 금액만큼 매칭해서 부모가 지원하는 것도 방법이다. 물론 증여세 공제 범위 이내에서 지원하는 게 절세에 유리하다.

투자 기간은 어떻게 설정하면 좋을까? 투자 기간에 따른 주식 매매기법을 몇 가지로 분류할 수 있다. 주식을 몇 분 만에 사고

파는 '스캘핑 기법'이 있다. 흔히 '단타 친다'고도 한다. 당일 매수한 주식을 당일 매도하는 '데이 트레이딩'도 있다. 또는 2~3일 정도 기간을 두고 사고파는 것은 '스윙 기법'이라고 부른다. 이런 기법들을 선택해 매매하는 투자자들은 '시간은 위험'이라고 전제한다. 1시간 뒤 무슨 일이 생길지 모르고, 밤새 뉴욕증시에서 어떤 일이 벌어질지 모르는데 주식을 보유하면서 시간에 따른 리스크(위험)를 떠안기 싫다는 것이다. 이들은 분 단위, 초 단위로 시장 상황을 관찰하고 정보를 취합하며 모니터 앞을 떠나지 않는다. 전문 투자자들이나 할 수 있는 기법이다.

과연 아이에게 '단타'를 권할 수 있을까? '장기투자 전도사'로 유명한 존 리 메리츠자산운용 대표는 "아이들은 노후 준비를 위해 주식을 사야한다"고 주장한다. 은퇴 이후를 위한 자금이라면 샀다 팔았다 반복할 것이 아니라 시장의 변동과 관계없이 장기적으로 투자해야 한다는 뜻이다. 당장 급하게 투자금을 회수할 필요가 없는 아이들은 중장기투자를 지향하는 것이 맞다.

장기투자로 방향을 잡으면 서두를 필요가 없다. 5년, 10년, 20년 투자할 만한 기업을 관찰하고 공부한 후 매매 타이밍을 잡아야 한다. 워런 버핏은 "10년간 보유할 생각이 없는 주식이라면 단 10분도 보유하지 말라"고 했다.

주식을 사고팔 때 복기하는 습관을 들이는 것도 중요하다. 용

"10년 동안 보유할 주식이 아니라면
단 10분도 갖고 있지 마라."

현존하는 최고의 투자자 워런 버핏의 투자 원칙이다.

돈기입장이나 일기를 쓰듯이 매매일지를 쓰는 것이다. 거창할 필요는 없다. 매수를 하면 이 주식을 얼마에, 얼마나, 왜 샀는지 등과 이 기업의 어떤 점을 높이 평가했는지를 적으면 된다. 목표금액(수익률)도 설정해 적어놓는다. 추후 매도하고 싶은 생각이 들면 매수 당시 기록을 다시 펴보도록 하자. 매도 시점을 잡는 데 도움이 될 수 있다. 매도할 때도 매도가격과 수익률, 잔여보유물량뿐 아니라 매도 이유를 적는다. 특히 실패한 매매일수록 복기를 꼼꼼히 해놓는 것이 좋다. 어차피 평생 주식투자를 할 것이라면, 이번에 실패한 매매는 차곡차곡 투자 실력으로 쌓이게 될 것이다.

주식 고수들이 원칙과 철학을 강조하는 이유는 '주식투자는 심리 싸움'이기 때문이다. 시장참여자의 심리가 무엇인지를 읽어야 하고, 무엇보다 자신과의 심리 싸움에서도 이겨야 한다. 필자가 과거 전업 주식투자자가 100여 명 모여 있던 투자회사에 다니던 시절, 그들이 하루에도 몇 번씩 천당과 지옥을 오가던 모습을 지켜봤다. 조울증과 우울증을 가진 트레이더도 많았다. 급락장이 왔을 때 여의도에서는 스스로 목숨을 버리는 증권맨이 나오기도 했다. 지금 이 순간에도 주식시장에서는 탐욕과 기쁨, 후회와 절망이 뒤섞인 성공과 좌절이 반복되고 있다. 손실을 봤다

KEEP CALM AND CARRY ON!

평정심을 유지하고
하던 일을 계속하라!

요동치는 주식시장에서
평정심을 잃지 않으려면,
자신만의 투자 원칙이 있어야 한다.

표현주의 화가 뭉크의 <절규> 변형

고 이성을 잃어선 안 되며, 수익을 올렸다고 자만해선 안 된다. 그런 순간에 반드시 떠올려야 하는 것이 투자 원칙이다.

가끔 연락하고 지내는 한 주식 트레이더는 최고의 인기와 몰락을 겪은 헤비급 복서 마이크 타이슨((Mike Tyson, 1966년~)의 말을 종종 언급하곤 한다.

"누구나 그럴듯한 계획이 있다. 한 대 얻어맞기 전까지는."

장이 오를 때는 누구나 자신감을 보이며 호언장담할 수 있지만, 장이 급락하고 손실이 크게 나 코너에 몰리면 투자 원칙이고 뭐고 눈에 보이는 것이 없게 된다는 것이다. 하지만 그런 순간에도 절대 흔들려선 안 되는 것이 바로 '원칙'이라고 했다.

변칙 게임을 하며 약을 올리는 에반더 홀리필드(Evander Holyfield, 1962년~)의 귀를 물어뜯는 대형사고를 치고 결국 링 위에서 불명예 퇴장하게 되는 타이슨 같은 비극을 겪지 않으려면 말이다.

쪽박투자 예약 질문,
"대박 종목 어디 없나요?"

한 증권사 사장과 인터뷰를 했다. 신입부터 시작해 영업점을 돌고 결국 사장까지 올라 '직장인 신화'를 쓴 이 사장은 증권가에서 '영업의 귀재'로도 통했다. 그는 증권업 종사 30년 동안 가장 많이 들은 얘기가 "좋은 종목을 찍어달라"는 것이라 했다. 하지만 그는 사람들에게 "그런 질문을 하면 절대 부자가 되지 못한다"고 답했다고 한다. 스스로 공부하지 않고 남이 찍어준 종목을 사면 실패할 가능성이 높고 설령 한번 수익을 내더라도 지속가능한 투자를 할 수가 없다는 이유에서다.

주식 초보자들에게 가장 위험한 것이 '묻지마 투자'다. 호재가 있다며 지인이 찍어준 종목을 묻지도 따지지도 않고 매수하는 것이다. 호재성 풍문의 진위 여부와 그 기업의 주가 추이, 실적, 업황은 살펴보지도 않고 매수한 이후에 주가가 하락하면 그때야 부랴부랴 발등에 불이 떨어져 뉴스를 찾아본다. 선(先) 후(後)가 바뀌었다.

묻지마 투자가 위험한 것은 아무리 대형주라 해도 예외는 아니다. 대형주는 무조건 안전하다는 믿음은 주린이가 하는 가장 흔한 착각 가운데 하나다. 그동안 성공신화를 썼던 종목이었다고 해서 무조건 미래에도 그럴 것이라고 믿으면 안 된다. 업계 1등 기업에 투자하는 것은 좋은 투자방법 중 하나라고 전문가들이 얘기하고 있지만, 내 자녀가 장기적으로 묻어둘 종목을 선택할 때는 '미래에도 1등인가?'를 고민해야 한다.

2011년과 2021년 시가총액* 상위 종목을 비교해보면 10년 동안 상당한 변화가 있었음을 알 수 있다. 시가총액 상위 20개 종목을 한번 살펴보자(333~334쪽). 20개 중 9개 종목이 20위권 밖으로 밀려났다. 시가총액 5위 이내 종목 중 삼성전자를 제외하고 제 자리를 지킨 종목은 없었다. 조선업계 1위 현대중공업(2019년 6월 한국조선해양으로 사명 변경)은 10년 전 시가총액에서 4위에서

---

* 시가총액 : 전체 주식의 가치를 시장가격(현재 주가)으로 평가한 금액으로, 기업의 규모와 가치를 나타내는 지표다. 현재 주가에 총발행주식수를 곱해 구할 수 있다.

대형주는 무조건 안전하다는 믿음은 주린이가 하는 가장 흔한 착각 가운데 하나다. 10년을 주기로 시가총액 상위 종목만 비교해봐도, 경제를 움직이는 산업이 어떻게 변화하고 있는지 포착할 수 있다. 아이가 투자할 종목은 '미래에도 1등인가?'를 따져야 한다.

2021년 37위로, 아예 20위권 밖으로 밀려났다. S-OIL, 호남석유 등 정유회사들도 줄줄이 20위권 밑으로 떨어졌다. 대신 인터넷 포털업체인 네이버와 카카오, 바이오회사인 삼성바이오로직스와 셀트리온이 10위권 내에 합류했다.

업계 1등 종목이라고 해서 업황이 고꾸라지고 있는 기업에 장기투자를 하게 된다면 투자손실은 물론이요, 다른 곳에 투자해 수익을 낼 수 있는 기회비용까지 치르게 된다.

시가총액 상위 20위 종목 변화

2011년

순위	종목명	시가총액(원)	시가총액 비중(%)
1	삼성전자	128조 8869억	9.95
2	현대차	49조 6723억	3.84
3	POSCO	41조 5009억	3.21
4	현대중공업	38조 6089억	2.98
5	현대모비스	35조 0924억	2.71
6	LG화학	34조 4610억	2.66
7	기아차	30조 5646억	2.36
8	신한지주	22조 979억	1.71
9	KB금융	20조 7085억	1.60
10	SK이노베이션	20조 2962억	1.57
11	삼성생명	19조 6000억	1.51
12	하이닉스	19조 3778억	1.50
13	한국전력	16조 6487억	1.29
14	S-Oil	16조 1556억	1.25
15	LG전자	15조 1886억	1.17
16	LG	15조 987억	1.17
17	삼성전자우	14조 654억	1.09
18	LG디스플레이	13조 8117억	1.07
19	SK텔레콤	12조 7175억	0.98
20	호남석유	12조 6803억	0.98

2021년

순위	종목명	시가총액(원)	시가총액 비중(%)
1	삼성전자	497조 2829억	18.69
2	SK하이닉스	100조 4643억	3.78
3	NAVER	64조 627억	2.41
4	LG화학	62조 1918억	2.34
5	삼성전자우	61조 9634억원	2.33
6	삼성바이오로직스	54조 9169억	2.06
7	카카오	52조 8133억	1.98
8	현대차	49조 1437억	1.85
9	삼성SDI	47조 3100억	1.78
10	셀트리온	41조 7911억	1.57
11	기아	34조 7396억	1.31
12	POSCO	30조 8641억	1.16
13	현대모비스	28조 9119억	1.09
14	LG전자	27조 9838억	1.05
15	삼성물산	25조 8839억	0.97
16	SK이노베이션	25조 1506억	0.95
17	LG생활건강	24조 3332억	0.91
18	SK텔레콤	24조 3045억	0.91
19	KB금융	21조 7468억	0.82
20	SK	20조 6156억	0.77

* 기준 : 2011년 4월 19일, 2021년 4월 19일
* 자료 : 한국거래소

월가의 전설적인 펀드매니저인 피터 린치(Peter Lynch, 1944년~)는 "투자할 때는 최소한 새 냉장고를 고를 때만큼의 시간과 노력을 기울이라"고 했다. 냉장고를 살 때는 제조사, 브랜드, 용량, 디자인, 에너지효율등급 등 어떤 제품이 좋은지 온라인으로 샅샅이 정보를 찾고 그것도 모자라 실제 매장에 가서 눈으로 확인한다. 그리고 언제, 어디서 사면 싸게 살 수 있을지 찾아본다.

기업도 마찬가지다. 좋은 기업을 찾기 위해 다트(금융감독원 전자공시시스템)와 증권사 애널리스트 리포트, 경제 신문 등을 살펴보고 실제 기업들이 개최하는 기업설명회(IR)를 찾아가고 궁금한 것은 주식 담당자와 전화 통화해 물어보는 열정이 필요하다. 좋은 기업이라는 판단이 들었으면 이 기업을 언제 투자하면 싸게 살 수 있을지 주가 흐름과 시장 상황을 관찰해야 한다.

주식은 원금이 손실될 수 있는 '위험 자산'이라는 사실을 잊으면 안 된다. 심혈을 기울여 공부하지 않고 그저 불나방처럼 대박을 좇아다니다간 하루아침에 쪽박을 찰 수 있는 곳이 바로 주식 시장이라는 사실을 자녀에게 반드시 인지시켜야 한다.

투자할 때는
최소한 새 냉장고를 고를 때만큼의
시간과 노력을 기울여라.

— 피터 린치 —

성장주 vs 가치주,
무엇을 담아야 할까?

주식투자할 종목을 선택할 때는 자녀의 투자 성향을 반영해야한다. 장기적 관점에서 안정적인 투자를 선호한다면 '가치주' 위주로 포트폴리오를 짠다. 변동성은 있지만 주가가 급등을 할 수있는 주식에 베팅하고 싶다면 '성장주'를 찾아야 한다. 정기적으로 현금을 만들 수 있는 투자도 있다. 바로 '배당주' 투자다. 하나하나 살펴보자.

우선, 가치주란 쌓아둔 자산이나 벌어들이는 돈에 비해 기업가치가 낮게 평가돼 주가가 상대적으로 싼 기업을 말한다. 흔히저평가 우량주라고 말하는 주식들이다. '가치투자의 아버지'라불리는 벤저민 그레이엄(Benjamin Graham, 1894~1976년)과 그 뒤를 잇는 워런 버핏이 바로 가치투자의 대표주자다. 워런 버핏은 "가치투자란 1달러를 40센트에 사는 것과 같다"고 했다. 아직 주목받지 못해 내재하고 있는 가치보다 싸게 살 수 있는 기업에 투자하는 방식이다. 그런 기업을 발굴하기 위해선 현금흐름, 보유자산, 수익성 흐름을 살펴봐야 한다. 가치주는 경기상황에 민감하지 않고 기업가치가 안정적으로 유지되는 기업들이다. 가스, 전기, 기계, 식료품 등 전통 제조업이나 공공재 관련주가 가치주에 해당하는 경우가 많다.

버핏은 가치주를 발굴하는 데 자본금 대비 얼마나 이익을 냈는지 나타내는 자기자본이익률(ROE)*과 1주당 순자산가치가 얼마나 되는지 비교할 수 있는 주가순자산비율(PBR)** 등의 지표를 많이 썼다. ROE, PBR을 직접 계산할 필요는 없다. 증권사 홈트레이딩시스템이나 네이버 같은 포털사이트의 기업정보에서 ROE, PBR을 쉽게 찾아볼 수 있다. 상승장보다는 옆으로 기는 횡보장에서 가치투자의 수익률이 좋은 경우가 많다.

성장주는 혁신적인 제품과 서비스를 개발하고 생산해 앞으로

---

* ROE(Return On Equity) : 기업이 자기 돈(자기자본)을 활용해 1년간 얼마를 벌어들였는가를 나타낸다. ROE가 높을수록 자기자본 대비 이익이 높은 기업이다.

** PBR(Price Book Value Ratio) : 주가가 순자산 대비 주당 몇 배인지를 보여주는 지표다. 회사가 청산할 경우 주주가 주당 얼마를 받을 수 있는지를 의미하기도 한다. PBR이 1보다 낮으면 주가가 저평가됐다고 본다.

장기적인 관점에서 안정적인 투자를 선호한다면 '가치주',
주가가 급등할 수 있는 주식에 베팅하고 싶다면
'성장주'에 투자해야 한다.
**가치주와 성장주를 어떤 비율로 분배할지는,
아이의 투자 성향을 따라야 한다.**

성장할 가능성이 큰 종목을 말한다. 가치주와 달리 저평가 여부보다는 미래 성장 가능성에 초점을 둔다. 오히려 지금은 별로 돈을 많이 벌지 못하거나 적자가 나는 경우도 있다. 미래에 대한 기대감으로 주가가 형성되기 때문에 현재가치보다 주가가 비싸 고평가 된 경우가 많고 변동성도 클 수 있다. 대표적 성장주인 테슬라의 주가수익비율(PER)*은 1000배(2020년 말 기준)에 이르렀다. PER은 주가를 회사의 1주당 순이익으로 나눈 수치로, 주식 가치를 평가할 때 많이 사용하는 지표다. PER이 1000배면 이 기업이 지금 버는 순이익만큼 1000년을 모아야 기업을 통째로 인수할 수 있다는 얘기다.

성장주라는 개념은 1950년대 필립 피셔(Philip Fisher, 1907~2004년)가 월스트리트에 처음으로 소개하며 돌풍을 일으켰다. 무려 반세기 전인 1958년 그가 출간한 『위대한 기업에 투자하라(Common Stocks and Uncommon Profits)』라는 책은 아직도 전 세계 금융맨들의 필독서로 꼽힌다. 증권사에 다니던 선배는 주식투자를 시작하기 전 무조건 이 책을 읽으라며 건네줬었다. 피셔는 장기투자할 성장주를 찾기 위해 무엇보다 기업의 경영진을 살펴

---

* PER(Price Earnings Ratio) : 주가를 주당순이익으로 나눈 값으로, 주가가 주당순이익 대비 몇 배인지를 나타낸다. 어떤 기업의 PER이 동종 업계 평균보다 높다면 주가가 고평가된 것으로, 낮다면 저평가된 것으로 볼 수 있다.

보라고 했다. 경영진이 성장 의지가 강한가, 기술 변화에 민감한가, 지금의 매출 외에 또 다른 매출을 발생시킬 새로운 제품 개발을 하고 있는가, 그리고 진실한가.

성장주 투자는 상승장에서 빛을 발한다. 신종 코로나 바이러스 감염증(코로나19) 발생 이후 상승장에서 성장산업으로 꼽히는 'BBIG(배터리·바이오·인터넷·게임)' 업종이 급등했다.

흔히 가치주와 성장주는 반대의 투자 성향일 것으로 생각하지만, 반드시 그렇지는 않다. 가치주와 성장주를 적절히 분배해 투자하는 것이 오히려 위험 분산 차원에서 바람직하다는 게 전문가들 조언이다. 버핏 역시 '그레이엄(가치주 투자) 85%와 피셔(성장주 투자) 15%'를 따른다고 언급한 적이 있다.

자녀의 포트폴리오에 가치주와 성장주 외에 '배당주'를 일정 부분 포함하면 안정적인 현금흐름을 만들 수 있다. 기업이 이익 일부를 주주들에게 나눠 주는 것을 배당이라고 하는데, 배당을 상대적으로 많이 주는 종목을 배당주라고 한다. 배당주는 통상 시중 금리보다는 높은 3~5퍼센트 이상의 배당수익률이 나오는 종목을 말한다.

증권가에서는 '찬바람이 불면 배당주에 투자하라'는 말이 있다. 한국 상장사들의 대부분은 12월 결산법인인데, 이 회사들의 배당을 받기 위해선 결산하기 직전 즉, 연말까지는 주주명부에 이름을 올려야 한다. 즉, 12월 결산법인의 2020년의 배당금을 받으려면 주식시장 폐장일인 12월 30일의 이틀 전, 즉 12월 28일까지는 주식을 매수해야 한다. 이날까지 주식을 사면 그다음 해 3월 즈음 열리는 각 회사의 정기 주주총회에서 배당금이 확정된 후 주식 계좌로 배당금이 자동 입금된다. 현대중공업지주, 하나금융지주, IBK기업은행, 삼성증권, 현대해상, 신한지주, 롯데푸드, KT&G 등이 1주당 주가 대비 배당률이 5퍼센트 이상 나오는 종목들이다. 물론 매년 기업들이 처한 상황과 성과에 따라 배당률은 달라질 수 있다. 특히 의결권이 없는 우선주가 통상 보통주보다 더 많은 배당을 받는다.

부동산에 특화된 펀드인 리츠(REITs)*도 고정적인 배당을 받을 수 있는 투자처 가운데 하나다. 최근 몇 년간 주식시장에 리츠 공모 바람이 불어 국내 증시에 2020년 말 기준 13개의 리츠가 상장돼 있다.

---

* 리츠(REITs : Real Estate Investment Trusts) : 다수의 투자자들로부터 자금을 모아 부동산이나 부동산 관련 회사에 투자한 뒤 발생하는 임대료를 배당 형태로 나눠주는 기업(또는 펀드)을 말한다. 쉽게 '부동산 공동구매'라고 생각하면 된다. 리츠를 이용하면 자금이 없는 개인은 투자할 엄두조차 낼 수 없는 중대형 빌딩, 쇼핑몰 등의 부동산을 소액으로 간접투자할 수 있다.

성장주와 가치주, 배당주를 각각 어느 비율로 투자할지 정답은 없다. 공격적 성향이라면 성장주에 더 많은 비중을 두고, 위험을 분산하고 싶다면 성장주와 가치주, 배당주를 분배해 포트폴리오를 구성할 수 있다.

종목을 하나하나 선택하기 어렵다면 지수와 산업의 움직임을 따라가는 상장지수펀드(ETF)를 살펴보자. ETF는 여러 개의 투자 대상을 묶은 펀드인데, 주식처럼 상장되어있어 개인이 사고팔기 수월하다는 장점이 있다. 2021년 1월 말 기준으로 469개의 ETF가 상장돼 있을 정도로 상품이 많다. 유가증권시장에 상장된 시가총액 상위 200개 종목을 묶은 지수를 추종하는 'KODEX200'부터 해외 지수 추종 ETF, 원자재 ETF, 4차 산업혁명 관련주 ETF까지 다양한 종목이 상장되어있다. ETF의 동향을 알고 싶다면 한국거래소 홈페이지에 매달 업데이트되는 〈KRX ETF·ETN Monthly〉를 읽어보면 도움이 된다.

성장주와 가치주, 배당주를 각각 어느 비율로 투자할지, ETF 비중은 어느 정도로 할지에 대해 딱 떨어지는 정답은 없다. 다만, 성장주가 시장의 주목을 받는 시기에는 가치주와 배당주는 소외될 가능성이 높고, 성장주의 인기가 시들해진 국면에는 가치주 또는 배당주에 자금이 몰리는 경우가 많다는 것을 감안해 투자 성향에 따라 포트폴리오를 구성할 수 있다. 공격적 성향이라면 성장주에 더욱 많은 비중을 두고, 위험을 분산하고 싶다면 성장주와 가치주, 배당주를 분배해 포트폴리오를 구성할 수 있다.

자, 지금부터라도 전국 곳곳의 맛집을 찾아내는 신공과 그동안 갈고 닦은 쇼핑 실력을 기업 발굴에 투입해 보자. 틈나면 경제 공부하는 부모를 보고 자란 아이들의 미래가 어떻게 다를지 상상해보면서 말이다.

주식투자는 타이밍이라는
생각을 버려라!

20대에 한참 주식 공부를 할 때였다. 매번 수백 명이 바글바글 모인다는 주식투자 전문가의 강연을 들으러 갔다. 강연 제목은 '매매 타이밍 잡는 비법'. 강연자는 여러 종목의 3년 일봉(하루 주가 흐름을 막대기 형태로 표현한 것) 차트를 펴놓고 기술적 분석으로 어떻게 매수·매도 타이밍을 잡는지를 알려 준다고 했다.

"양봉이 연속 세 개 누적 발생하는 적삼병이 나타나면 상승으로 가는 새로운 추세 형성 신호일 수 있다."

"150일 주가이동평균선이 하향 이탈되면서 갭이 발생하면 급락 신호다."

스스로를 '재야의 고수'라고 부르던 그 사람은 강의 내내 차트

확인되지 않은 각종 루머와 풍문은
주식투자의 '적敵'이다.

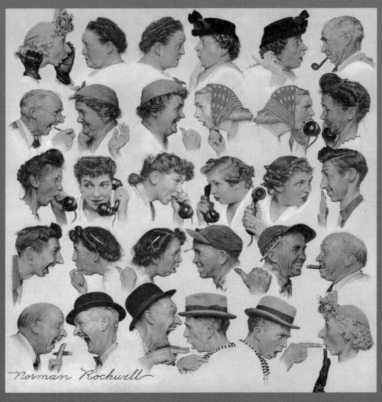

노먼 록웰, <가십>, 1948년, 캔버스에 유채, 83.8×78.7cm, 개인 소장

읽는 법을 설명했다. 사람들은 강의가 끝난 뒤 강연자의 책을 사고 주식 상담방에 가입하기 위해 줄을 섰다. 그로부터 몇 년 뒤, 그 고수가 과대과장광고와 유사수신행위 등으로 경찰 조사를 받았다는 소식이 들렸다.

차트는 주가의 흐름을 이해하고 예측하는 데 도움을 준다. 차트는 수많은 시장 참여자들의 심리를 한눈에 느낄 수 있도록 표현한 것이기 때문이다. 하지만 차트만 보고 정확한 매수·매도 타이밍을 잡을 수 있다고 생각한다면, 그것은 오산이다. 주가가 오르고 내린 것이 사후에 차트에 표기될 뿐이다. 실전은 다르다.

"사는 것은 기술이고, 파는 것은 예술이다"라는 투자 격언이 있다. 그만큼 주가가 오르고 내리는 것을 예상하는 것은 어렵고 매매타이밍을 잡는 것은 고도의 영역이다. 주식 초보가 최저가에 사서 최고가에 파는 것은, 엄청난 행운이 따라주지 않고서는 사실상 불가능하다는 얘기다.

월스트리트의 전설적인 펀드매니저인 피터 린치조차 "시장이 정점인지 바닥인지, 주식을 사야 할지 팔아야 할지 예측하려 드는 것은 시간 낭비일 뿐이다. 나는 한 번 이상 연속해서 시장을 정확히 예측한 사람을 본 적이 없다"고 말했다.

최근 주식 대화방에서 "존버하라"는 비속어를 많이 본다. "오를 때까지 끝까지 버텨!"라는 말이다. 심지어 증권업계에서 가장

환호를 경계하고
공포에 용기를 내라.

역사적으로 주식시장은 10년을 주기로
큰 경제위기가 닥치며 급락했고,
이내 드라마틱하게 반등했다.
위기가 곧 기회일 수 있다.

잘 나가는 한 증권사 최고경영자(CEO)도 방송에 나와서 "주식을 왜 파나, 계속 보유하라"고 말한다. 고수처럼 매매타이밍을 못 잡을 바에는 '존버'가 답일까?

그렇지 않다. 주가가 오를 때까지 20년이고 30년이고 기다리는 것은 모든 종목에 적용할 수 있는 방법이 아니다. 좋은 종목은 끝까지 버티면 천국행이요, 나쁜 종목은 버티면 지옥행이다. 기업 역시 생사고락이 있다. 2020년 한 해 동안만 상장폐지된 기업은 16개사였다. 나쁜 종목을 들고 계속 버티다가는 주식이 휴짓조각이 될 수도 있다는 뜻이다.

그렇다면 나와 내 아이는 어떻게 주식투자 매매타이밍을 잡아야 할까? 최저가, 최고가를 예측하기 힘들다면 결국 분할 매수, 분할 매도하는 것이 현명한 방법이다. 시장과 기업을 공부하며 투자할 종목을 선택해 관찰하면서 적립식으로 나누어 매수하고, 팔 때도 한꺼번에 팔지 않고 분할 매도를 하면 위험을 줄일 수 있다.

자녀에게 또 하나 당부할 것이 있다. 투자에 대한 의사결정을 할 때는 '팔랑귀'가 되어선 안 된다는 점이다. 주린이들의 가장 취약점이 바로 '정보'다. 누군가 투자 정보를 전해주면 그것을 스스로 판단할 능력이 많지 않기 때문이다. 주식 초보자 중에서는 주변에서 어떤 정보를 들으면 귀가 솔깃해져 앞뒤 가리지 않고 매수하는 경우가 허다하다. 스스로 판단할 능력이 되지 않는데도 남의 말만 듣고 내 돈을 함부로 투입해선 안 된다.

"풍문에 사고 뉴스에 팔아라"라는 투자 격언이 있지만, 이 격언은 잘못된 것이다. 풍문에는 더더욱 사면 안 된다. 최근에는 정보의 유통 경로가 다양화되고 확산이 빨라지면서 과거보다 정보의 비대칭성이 적어졌다. 기업에 대한 분석 없이 단순히 재료를 가지고 사고파는 매매는 안정적이고 꾸준한 수익을 내는 방법이 아니다. 확인되지 않은 각종 루머와 풍문은 독이 될 수도 있다.

가장 대범해야 할 때는 시장이 전체적으로 급락했을 때다. 위기는 곧 기회다. 우량주를 싸게 '줍줍(주워담을)' 할 기회란 말이다. 1997년 외환위기, 2008년 글로벌 금융위기, 2020년 코로나19까지 거의 10년 주기로 큰 경제위기가 닥치며 주식시장이 추락했다. 그리고 급락 뒤에는 드라마틱한 반등이 잇따랐다. 대외변수로 급락했을 때는 더욱더 절호의 기회다. 미국 서브프라임모기지 사태로 촉발된 2008년 금융위기 때 한국 증시는 V자 형태로 반등했다. 2007년 말 위기가 터진 뒤 이듬해 10월까지 코스피지수가 54.5% 폭락했고, 2009년 지수가 빠른 속도로 강하게 반등해 2011년 5월까지 137.4% 상승했다. 이번 코로나19 때도 이 공식은 통했다. 코로나19 확산 직후인 2020년 봄, 주식시장이 추락해 공포가 극에 달할 때 과감히 매수에 나섰다면, 그는 이미 승자가 돼 있을 것이다.

공부하여 알면 투자, 모르면 투기

회사에 갓 입사한 수습기자들을 위한 교육시간에 들어간 적이 있다. 공채 시험에 막 합격한 수습기자 열 명을 앉혀놓고 선배랍 시고 뭔가 가르쳐야 했는데, 수습기자들의 자기소개서를 보니 오히려 내가 배워야 할 지경이었다. 그들은 유수의 대학을 나와 다양한 사회경험을 했고, 화려한 수상 이력을 가지고 있었다. 이미 누구는 다른 언론사에서, 누구는 대기업에서, 누구는 증권사에서 일한 경력도 있었다.

갑자기 궁금해졌다. 이들이 주식투자를 해본 적이 있을지.

"주식투자 해 본 적 있는 사람?"

질문을 던지자 열 명 중 다섯 명이 우르르 손을 들었다.

'오호라! 역시 예비 경제신문 기자들답네.'

"주식투자한 기업의 재무제표를 본 적 있는 사람?"

두 번째 질문을 던지자, 열 명 모두 미동도 하지 않는다. 이런. 이렇게 똑똑하고 경제에 관심이 많은 젊은이들조차 기업의 재무제표 한 번 들여다보지도 않고 주식에 투자했다니, 그럼 어떻게 투자 대상을 선택했단 말인가?

수습들은 저마다 이유를 댔다.

"좋은 뉴스를 듣고……."

"증권사 다니는 선배가 추천해서 ……."

"주식시장이 좋다고 하니 오를 것 같아서……."

이들은 투자를 한 걸까, 투기를 한 걸까? 미안하지만 이들이 한 건 투기였다. 워런 버핏의 스승이자 '가치투자의 아버지'라 불리는 벤저민 그레이엄은 "투자는 철저한 분석 하에서 원금의 안전과 적절한 수익을 보장하는 것이며, 이를 충족하지 못하는 행위는 투기"라고 정의했다. 월가의 전설로 불리는 벤저민 그레이엄조차 철저한 분석을 하는 마당에 우리는 무엇을 믿고 재무제표조차 보지 않고 기업의 주식을 덜렁 매수하는가.

공부하여 알면 투자요, 공부하지 않고 모르면 투기다! '아는 주식'을 매매해야 한다. 주식을 산 후 주가가 내려가면 그제야 부랴부랴 기업 실적을 찾아볼 것이 아니라, 매매하기 전에 미리 기업을 공부하고 관찰해야 한다. 관심 종목에 관해 최소 3년간의 재무제표와 뉴스는 꿰고 있어야 한다는 게 투자 전문가들의 조언이다. 미국 주식시장과 금리 추이, 환율 변화 등 시장에 영향을 주는 대내외 환경도 꾸준히 살펴야 한다.

이것은 비단 주식에만 해당하는 얘기가 아니다. 채권도 그렇고 예·적금도 그렇다. 보험은 더더욱 그렇다. 내 소중한 돈이 나가기 전에 미리 금융상품에 대한 공부가 필요하다. 공부하지 않으면 그것은 투기다.

아이들에게 경제 교육이 필요한 이유는 투기를 막고 투자를 하게 하기 위해서이기도 하다. 위험한 주식투자를 어떻게 어린아이에게 시키느냐고 우려하는 사람들도 있겠지만, 주식을 사고파는 행위 자체는 투기가 아니다. 위험자산에 돈을 넣는다고 모두 투기가 아니다. 잘 아는 위험자산을 사면, 그것은 투자다. 반대로 안전하다고 생각되는 은행에서 파는 상품을 사더라도 내가 느끼기에 어렵고 이해가 다 되지 않았는데 은행 직원이 추천한다고 그냥 사면, 그것은 투기다.

투자를 하기 위해서는 일상적으로 경제와 금융을 공부해야 한다. 포털사이트에 들어가면 나도 모르게 자동 클릭하게 되는 연

"**투자**는
철저한 분석 하에서
원금의 안전과
적절한 수익을
보장하는 것이며,
이를 충족하지
못하는 행위는
투기

— 벤저민 그레이엄 —

예인의 사생활 기사는 나와 내 아이가 더 나은 삶을 사는 데 별 도움이 안 된다. 그 시간에 경제뉴스와 책을 하나라도 더 읽자. 예능과 드라마, 스포츠경기를 보는 데 쓰는 시간의 절반을 줄여 경제 관련 영상을 보고 공부를 하자.

물론 요즘에는 가짜 정보가 넘쳐나기 때문에 배울 것은 배우고 버릴 것은 버려야 한다. 유튜브나 팟캐스트 동영상에 수많은 전문가가 등장하지만, 이 중 옥석 가리기가 필요하다. '쩜상(여러 차례의 상한가) 종목 추천' '급등주 족집게' '300% 수익률 보장' 같은 문구에 속으면 주식으로 패가망신할 수 있다. 신이 아닌 이상 주식투자에서 원금과 수익률을 완전하게 보장할 수 있는 인간은 단 한 명도 없다.

무엇보다 기업에 대한 공부를 일상화하는 습관을 만들 필요가 있다. 예를 들어 아모레퍼시픽 화장품을 샀다면, 화장품을 바르면서 효과가 좋다며 흡족해할 것만이 아니라 이 회사에 대해 호기심을 갖고 공부하는 기회로 삼아야 한다는 것이다. 요즘 남자들도 화장을 많이 한다는데 남성 화장품이 잘 팔리고 있는지, 신종 코로나 바이러스 감염증(코로나19)으로 얼어붙은 여행시장에 중국 관광객이 돌아오면 아모레퍼시픽 실적이 영향을 받을 수 있을지, 경영진의 경영 철학은 어떤지, 신사옥 건축 이후 자금흐름은 어떤지 등을 확인해보는 것이다. 아이를 데리고 용산 아모레퍼시픽 사옥을 지나간다면 이 회사에 대해 그간 공부했던 것을 설명해주는 것도 잊지 말자.

기업의 재무제표와 경영 현황은 금융감독원 전자공시시스템 '다트(dart.fss.or.kr)'에서 찾아볼 수 있다. 상장회사는 물론이고 어느 정도 자산 규모가 있는 기업(외부감사를 받는 기업)은 이 사이트에서 정보를 얻을 수 있다.

기업의 기본적인 현황을 알고 싶다면 먼저 사업보고서를 읽어보자. 다트의 '상세검색'에서 원하는 기업의 이름을 넣고, 기간을 넉넉히 설정하고, 보고서명에 '사업보고서'를 입력한다. 최근 연도의 사업보고서를 열면 회사의 연혁, 주주 구성, 사업 내용, 재무제표, 감사인 의견 등을 볼 수 있다.

다트를 처음 접하면 대개 복잡하고 어렵다는 반응을 보인다. 하지만 맛집 검색하는 열정만큼만 다트에 관심을 쏟다 보면 조금씩 익숙해지니 너무 겁먹을 필요 없다. 다트를 친구처럼 생각하고 자주자주 접촉하자. 평소 관심 있는 기업들을 꼽아놓고 다트와 뉴스만 꾸준히 챙겨 봐도 기업에 대한 대략적인 상황을 파악할 수 있다.

부모가 먼저 기업을 공부하고 자녀들에게도 수시로 기업 이야기를 해줄 필요가 있다. 차 안에서 아이들에게 "수학시험 왜 이리 많이 틀렸느냐?" "옆집 애는 경시대회에서 상 탔더라"라며 남과 비교하고 잔소리하는 것은 그만하고 말이다. 대신 창밖에 지나가는 기업 건물과 간판을 보며 그 기업에 대해 설명해주자. 그 기업이 어떤 업종에 속하는지, 경영 환경이 어떤지도 아는 범위 안에서 이야기해주면 좋다. 전기차가 지나가는 것을 보면 앞으로 모빌리티산업이 어떻게 변화할지, 전기차는 기존 휘발유차와 가장 큰 차이점이 무엇인지 얘기를 나눠보는 것이다.

또 백화점이나 마트에 갔을 땐 쇼핑만 할 것이 아니라 아이들이 좋아하는 제품을 생산하는 기업, 요즘 인기 있는 제품을 생산하는 기업에 대해 한마디라도 덧붙여주자. '기업 이야기'야말로 흥미진진한 세상 이야기라는 것을 아이들에게 알려주자.

세상에
공짜 점심은 없다

자녀에게 투자 교육을 할 때 절대 간과해선 안 될 것이 있다. 바로 자본주의의 비정함을 알려주는 일이다. 동심파괴를 해야 할지라도, 세상이 온정으로만 돌아가지 않는다는 것을 알려줘야 한다. 자본주의 사회에서 신용을 잃으면 인생이 나락으로 떨어질수 있다는 점을 주지시켜야 한다.

　아이에게 부모 돈과 나의 돈, 타인의 돈과 나의 돈을 구분하도록 교육해야 한다. 그렇지 않으면 아이는 어른이 된 후 금융회사에서 받는 대출도 가볍게 생각할 가능성이 높다. 50만 원 넘는 돈을 금융회사에서 빌려놓고 3개월 이상 갚지 않거나 50만 원 미만이라도 대출금을 두 번 이상 갚지 않으면 금융채무 불

"세상에 공짜 점심은 없다."
— 밀턴 프리드먼 —

아이에게 투자 교육을 할 때는
냉혹한 자본의 논리도 함께 가르쳐야 한다.

이행자(옛 신용불량자)가 된다. 일단 금융채무 불이행자가 된 후에는 모든 금융회사들이 정보를 공유해 새로 돈을 빌릴 수가 없고, 신용카드조차 발급되지 않는다. 재산압류는 물론 이 낙인으로 상당기간 모든 경제 활동이 막히게 된다. 이제 갓 어른 문턱에 선 20대 중에서 금융채무 불이행자는 11만 명에 달한다. 심지어 10대 금융채무 불이행자도 383명 있다.

최근 '빚투(빚내서 투자)', '영끌(있는 돈 없는 돈 영혼까지 끌어모아 투자)' 열풍이 그래서 위험하다. 2020년 상반기 기준으로 20대들이 마이너스 통장과 마이너스 카드 대출(카드론)로 빌린 대출잔액이 2조 원을 넘어섰다. 대출로 부동산과 주식에 투자했다가 자산 가격이 하락하고 시중금리까지 상승하게 되면 이들이 금융채무 불이행자로 전락할 가능성은 높아진다. 제도권에서 신용을 잃어 대출길이 막히면, 결국 고금리 사채에 손을 벌리는 일도 생길 수 있다.

아이와 주식투자를 할 때 아이들에게 미수금과 신용융자의 위험에 대해서도 설명을 해줄 필요가 있다. 미수금은 계좌 잔고보다 많은 금액의 주식을 샀을 경우 부족한 금액을 말한다. 주식 매수는 주문 이후 영업일 기준 3일째 되는 날 실제 거래가 체결되는 '3일 결제 시스템'이다. 즉, 당장 총 매수대금에 해당하는 현금이 없어도 증거금(일종의 보증금)에 해당하는 돈만 있으면 주식을 거래할 수 있다. 예를 들어 증거금률이 40%인 종목은 현금 400만 원만 있으면, 신용 600만 원을 더해 1000만 원 어치의 주식을 살 수 있다. 그렇다 보니 증거금만 내고 계좌에 차액을 채워두지 않으면 미수금이 발생할 수 있다.

중고등학교나 대학생 자녀들은 간혹 모의투자 등으로 주식투자에 익숙해지면서 투자를 게임처럼 즐기다 계좌 잔고 이상의 미수금을 써서 단기투자를 하는 경우도 있다. 미수거래는 증권사의 돈을 빌려 투자를 한 것과 같은 개념이어서, 만약 결제일까지 미수금을 입금하지 않으면 증권사는 결제 당일 아침 개장과 동시에 임의로 주식을 매도해 돈을 회수해 버린다. 이를 '반대매매'라고 하는데, 반대매매에 들어가면 주가 추이는 고려하지 않고 전일 종가의 하한가(최저가)로 주식을 매수하기 때문에 투자자는 큰 손실을 볼 가능성이 높아진다.

미리 아이에게 미수거래의 위험을 충분히 설명하고, 주식 계좌에서 미수금을 사용하지 않도록 설정해두는 것도 좋다. HTS와 MTS 계좌정보에 들어가면 증거금률을 변경할 수 있는데, '증거금률을 100%'로 맞춰 놓으면 된다. 증거금률이 100%이면 가지고 있는 현금만큼만 주식을 살 수 있다.

아이들이 '빚투' '영끌' 등
'빚테크'의 달콤함에 취하기 전에,
자본주의 사회에서 신용을 잃으면
인생이 나락으로 떨어질 수 있다는 점을 알려줘야 한다.

증권사에서 돈을 빌려 주식을 사는 신용융자의 위험도 사전에 설명해줘야 한다. 누구나 처음에는 빚을 내 투자를 하더라도 수익이 나면 즉시 상환할 수 있다고 생각한다. 하지만 주식투자는 늘 이기는 게임이 아니다. 주가가 하락하고 신용담보비율 밑으로 잔고가 떨어지면 증권사로부터 압박이 들어온다. 주식을 팔든 돈을 입금하든 비율을 맞춰놓아야 한다. 그렇지 않으면 헐값에 반대매매 당하는 결과를 맞게 된다. 남의 돈으로 주식투자하다간 쪽박 차기 십상이란 얘기다.

자본주의에서 살아남기 위해선 끊임없이 의심해야 한다는 것도 부모가 자녀에게 가르쳐줘야 할 것 중 하나다. 증권사와 은행에 가서 계좌를 만들고 돈을 입금할 때 만나는 친절한 금융회사 직원들에게 반갑게 인사를 할지언정, 이들을 100% 믿어선 안 된다는 점을 마음이 아프더라도 알려줘야 한다.

우선 포털사이트나 HTS에서 증권사의 분석 리포트 리스트를 주르륵 펴서 보여주자. 증권사의 분석 리포트 90% 이상이 '매수' 의견이다. 전문가들은 '사라'고만 하지 '팔라'고는 하지 않는다. 어떤 기업이 분식회계나 불공정거래 등 범죄행위로 기업가치를 훼손하고 주주들에게 피해를 줬더라도 나서서 비판하는 증권사를 찾아보기 어렵다. 증권사의 분석 리포트는 공부하고 참

2013년 동양그룹 회사채를 매입한 개인투자자는 약 4만 1000명, 피해 금액은 1조 6000억 원에 달했다. 신용평가사들은 동양그룹 회사채에 투자 적격 등급을 매겼다가, 동양시멘트가 법정관리를 신청하고 나서야 신용등급을 5단계 강등시켰다.

고하는 데 훌륭한 자료일지라도 실제 매매할 때 리포트가 추천하는 대로, 리포트에서 제시한 목표가대로 사고팔아선 안 된다는 것이다.

채권도 마찬가지다. 신용평가사들은 2012년 자금난을 겪고 있던 동양그룹 계열사들이 마구 찍어낸 회사채에 '투자 적격' 등급을 매겼다가, 이 회사들이 2013년 법정관리를 신청한 후에야 등급을 하향 조정해 뒷북을 쳤다. 그사이 정말 투자가 적격한 줄 알고 동양그룹 회사채를 샀던 투자자들은 막심한 피해에 땅을 쳐야 했다.

그럼 은행이라고 온전히 안전할까? 동네 은행 창구에 앉은 친절한 은행원이 추천해주는 금융상품은 안타깝게도 우리의 돈을 불려주기 위한 최선의 솔루션이 아닐 수 있다. 그 상품은 그저 요즘 은행에서 가장 세게 미는 상품, 그래서 은행원에게 판매 성과가 잡히는 상품일 가능성이 높다.

금융회사들은 소소한 수수료나 내는 개미투자자보다는 큰 일감을 주는 기업들과 자본가를 위해 움직이기 마련이라는 것을 어른들은 체득을 통해 너무나 잘 알고 있다. 하지만 아이들에게 자본주의의 이면을 가르쳐주는 어른은 많지 않다. 아이들은 무방비로 금융문맹인 채 어른이 되어 비로소 현실을 마주하게 된다.

영국의 저명한 여성 경제학자인 조안 로빈슨(Joan Robinson, 1903~1983년)은 "경제학을 배우는 목적은 경제학자들에게 속지 않기 위해서다"라고 말했다. 돈공부가 필수여야 하는 이유다.

알아야 속지 않는다. 배우고 가르치자.